KB158600

한국
중소기업의
위기와 도전

중국 제조 2025 전략

'MADE IN CHINA 2025 STRATEGY'
Korea Small Businesses Crisis and Challenge

생각을 나누는
나무

들어가는 말

지난 1992년 한 · 중 수교 이후 30여년이 지난 오늘날 중국은 우리나라의 최대 무역상대국, 무역흑자 발생국이 되었고, 금년 6월 한 · 중 FTA서명 이후 중소기업의 관심도 또한 그 어느 때 보다도 높아지고 있다.

그러나 중국의 샤오미(小米)를 필두로 한 화웨이(华为), 종싱(中兴) 등 중국 스마트폰 업체의 비약적인 발전으로 인해 우리 대기업조차도 중국내 스마트폰 시장점유율이 하락하는 등 갈수록 설자리를 잃어가는 형세이다. 비단 스마트폰뿐만 아니라 철강, 조선, 화학 등 우리나라의 주력 기업이 중국 기업과의 치열한 경쟁을 벌이고 있다. 중국 기업의 발전 속도가 빨라짐에 따라 부품의 국산화 비율과 원 · 부자재 등의 자급률이 점점 높아지고 있다. 이에 따라 중국에 대한 우리나라의 수출 증가율 또한 이미 2012년부터 감소 추세를 나타내고 있으며 이는 중국의 내수 부진 뿐만 아니라 부품 · 원자재 등의 국산화 자급률이 높아지는 것도 주요 원인이라고 보여 진다. 이러한 현상이 지속될 경우 자동차, 반도체 분야까지 제2, 제3의 샤오미 쇼크가 우리기업을 더욱더 어려운 지경으로 몰아갈 수 있으며, 특히 중소기업의 생존의에는 위기로 다가올 수 있다는 것을 의미 한다.

중국의 외환 보유고는 이미 3조 5천억 달러에 달하고, 그중에서 미국 채권 보유액은 1조 3천억 달러에 달한다. 이러한 외형적인 성과가 보여 주듯이 중국의 도시는 어느 곳이나 마찬가지로 고급 차량이 즐비하고 대형쇼핑몰에는 외국의 명품이 넘쳐나고 있다. 그러나 또 한편으로는 비어있는 건물이 많음에도 불구하고 도시 곳곳에 고층 건물과 아파트 단지를 건설하고 있는 것을 보고, 중국의 현실이 과연 무엇인지 제대로 알고 싶다는 의문과 호기심이 지난 1년 반 동안 필자를 이끌어 왔다.

필자는 그동안 북경(北京), 천진(天津), 요녕성 심양(沈阳)과 영구(营口), 흑룡강성 하얼빈(哈爾濱), 산동성 청도(青岛), 위해(威海), 연태(煙台)와 조장(枣庄), 상해(上海), 절강성 이우(义乌), 강소성 남경(南京), 염성(鹽城), 호북성 우한(武汉), 광동성 동관(东莞)과 심천(深圳), 중경(重庆), 사천성 성도(成都), 하남성 정주(郑州), 감숙성 란주(蘭州)와 상주하고 있는 섬서성 서안(西安)을 비롯하여 보계(宝鸡), 함양(咸阳), 안강(安康), 상락(商洛), 위남(渭南)은 물론이고 내몽고자치구 후허하오터(呼和浩特)시에 이르기까지 현지에 진출한 중소기업인, 중국의 지방정부 관리들을 만나 보았다. 특히, 중국에 진출한 한국의 중소기업은 경쟁력을 잃어가는 모습을 보이고 있고 시간이 지날수록 경영 여건 악화로 시름이 깊어지는 반면에, 중소 도시로 갈수록 중국의 지방정부 관리들은 한국의 중소기업 투자 유치에 대해 깊은 관심을 표명하고 협력 관계 마련에 강한 의지를 보여 주었다. 대도시의 발전상뿐만 아니라 중소 도시에 이르기까지 활력과 잠재적 발전 가능성, 현지 진출 중소기업의 어려움을 목도하고서 부러움과 함께 미래에 대한 두려움과 답답함을 느낄 수 있었다.

국내에도 수많은 중국 관련 전문가들이 있지만, 글을 쓰는 이유는 두 가지이다. 첫째는 중국에 대해 관심이 있는 중소기업인들에게 필요한 정보를 제공하기 위해서다. 시장 개척단, 한국 상품 전시회 등 중국에서 개최된 무역 투자 상담회에 참가한 중소기업인들을 만나본 결과, 아직도 많은 한국의 중소기업인 들이 중국을 5년 전, 10년 전의 중국으로 인식하고 있었다. 경제 대국, 제조 대국으로 부상한 중국에 관한 정보를 중소기업인들과 공유해서 중국에 대한 기본적인 이해를 돕고, 기업인 스스로 새로운 비즈니스 기회를 창출할 수 있도록 하기 위해서다. 둘째는 지난 5월에 중국 정부에서 발표한 "제조 강국 2025"에 대해 우리정부 관련 기관 및 중소기업인들이 경각심을 가지고 생존 전략을 마련할 필요가 있기 때문이다. 중국은 개혁개방 30여년 만에 경제대국으로 부상했다. 2010년에는 일본을 제치고 세계 2위의 경제대국이 되었고, 제조업 생산액이 미국을 추월하게 되었으며, 2012년에는 무역총액이 미국을 추월해 세계 1위의 무역 대국이 되었다. 중국이 이제 제조대국에서 제조 강국으로 변신하기 위한 3단계 30년 계획을 수립하고, 첫 단계 10개년 계획인 "제조 강국 2025"를 통해 자동차, 조선 등 10대 분야 중점산업에 대해 2025년경에는 중국의 제조업 경쟁력 수준을 일본과 독일에 근접한 수준으로 끌어 올리겠다는 야심찬 계획이다. 중화민족의 부흥이라는 중국의 꿈(中国梦)을 실현시키기 위한 계획인 셈이다. "십년 동안 칼을 갈아서, 10년에 새로운 한 단계씩 올라가겠다(十年磨一劍, 十年上一个台阶!)"는 표현에서 중국 정부의 결기가 느껴진다. 중국이 추진하는 10대 중점산업은 우리의 주력 산업과도 상당 부분 겹치기 때문에 10년 후 중국이 제조 강국이 되는 날은 우리 경제와 중소기업에는 커다란 위기로 다가올 가능성이 크다. 따라서 중국이 "제조 강국 2025" 계획을 수립한 배경을 이해하고, 우리 산업의 경쟁력을 확보하는 한편 중국 기업과의 협력을 강화할 수 있는 방안을 마련하는 것이 필요하다. 아울러 우리가 잊지 말아야 할 점은 제조 강국 2025 프로젝트를 추진하는 중앙정부의 공무원 및 전문가와 한국기업 투자 유치와 경제협력을 위해 열의를 불태우고 있는 지방정부 공무원간에는 상당한 시각차가 존재 한다는 점이다. 중국의 제조 강국 프로젝트는 앞으로 10년에서 30여년에 걸쳐 미국, 일본, 독일을 능가하는 수준의 기술경쟁력을 확보하는 것이 목표이며 한국은 안중에도 없다는 점을 명심할 필요가 있다. 앞으로 중국과의 경제협력에서 "참깨를 줍고, 수박을 잃어버리는(捡了芝麻, 丢了西瓜)" 실수를 범하기 않기를 바랄 뿐이다.

이 책자를 통해 최근 중국 정부에서 발표한 정책 동향과 언론에 알려진 내용들을 소개함으로써 발전하고 있는 중국에 대한 인식을 새롭게 하고 새로운 비즈니스 기회를 창출하는 계기가 되기를 기대한다.

2015년 11월
권 대 수
중소기업청 중국 중소기업협력관

CONTENTS

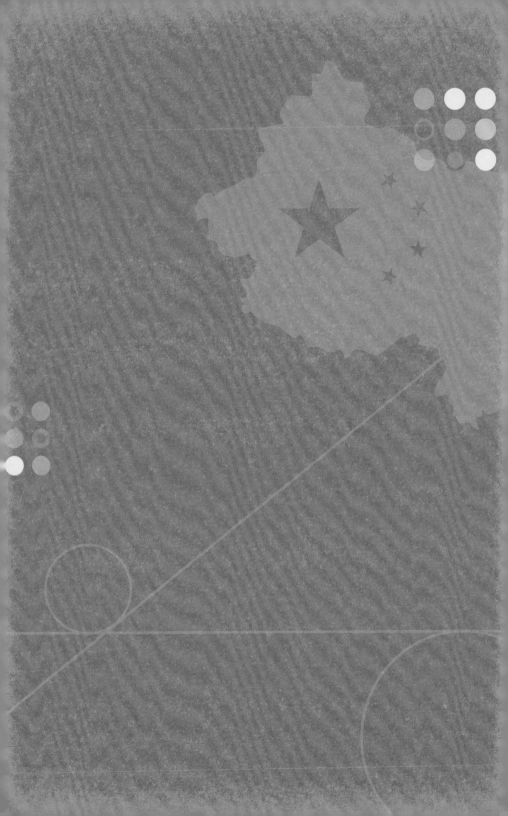

1.

중국의 꿈 (中國夢)

—

중국의 꿈(中國夢)

금년 들어서 중국 경제에 대한 불안감이 증가되고 있다. 중국은 금년도 성장 목표율을 7%로 하향 조정하고, 수출 주도형 경제에서 내수 주도형 성장으로 전환을 추진하고 있다. 하지만 경기 부진으로 인해 성장 목표율 달성이 불투명하고 주식시장의 폭락 사태 등이 불안을 가중시키고 있다. 중국판 경제 위기의 가능성과 더불어 미국이 금년 중에 금리를 인상할 가능성을 두고 국내의 언론은 냉탕과 온탕을 오가며 불안감과 두려움을 가중시키고 있다. 정작 당사국인 중국은 아무런 일 없다는 듯이 항일 전쟁 승리 70주년 기념 열병식을 계기로 전 보도 매체를 동원하여 대대적인 애국심 고취 운동을 전개하며 '중화민족의 부흥'이라는 '중국의 꿈(中國夢)'을 강조하고 있다. 실제로는 어떻든지 간에 정치적인 요인이 고려되었겠지만, 중국의 언론 보도로는 중국 경제는 전혀 문제가 없다는 태도를 견지하고 있다.

중국은 우리나라 수출의 1/4을 차지하고 있을 정도로 우리 경제에 중요한 비중을 차지하고 있다. 또한 세계경제 성장에서 차지하는 비중이 30%가 넘는 수준으로 중국의 실물경제가 둔화되면 신흥공업국은 물론이거니와 세계경제 전체에 영향을 준다. 금년 들어 우리나라의 대중국 수출은 마이너스 성장세를 나타내고 있으며 중국 현지 진출 기업 또한 중국 기업의 추격으로 힘든 나날을 보내고 있는 것 같다. 우리는 한편으로는 중국 경제 부진으로 인한 수출 감소, 내수경기 침체 등 우리 경제에 미치는 부정적인 영향을 걱정해야 하고, 또 다른 한편으로는 중국 기업의 빠른 성장으로 인한 우리나라 기업과 제품의 경쟁력 상실을 걱정해야 하는 진퇴양난(進退兩難)의 상황에 빠져들고 있다.

우리나라의 대중국 수출 증가율은 이미 지난 2012년에 두 자리 수에서 한 자리 수로, 2013년부터는 수출 증가율이 매년 감소하는 추세를 나타내고 있다. 우리나라의 대중국 수출이 감소하는 현상은 이미 2012년부터 시작된 현상으로 새삼스러운 일이 아니다. 특히 금년에는 수출 주력 업종 또한 마이너스 성장세를 나타냄에 따라 관련 대기업의 영업이익 또한 줄어들고 있고, 그동안의 저가 수주로 인한 여파로 국내 조선 3사는 대규모 구조조정을 단행하기에 이르렀다. 중국이 우리나라 경제에 미치는 영향이 크지만 우리가 작금의 중국 경제를 걱정하고만 있을 상황은 아니라고 보여 진다. 우리 경제에 드리워진 더 큰 걱정과 불안 요인을 해소하고, 중국이 잠시 주춤한 틈을 기회로 활용해서 산업구조 조정과 미래 신흥 산업에 대한 연구개발과 투자를 늘려 나가서 지속적으로 경쟁력을 키워 나가야 할 상황이다. 중국이 '중국의 꿈'을 현실화하여 나가고 있는 만큼 우리나라도 '한민족의 꿈'을 실현시켜 나갈 준비를 하고 대비를 하는 것이 필요하다고 생각한다. 중국이 꿈꾸는 세상을 우리가 더 많이, 더

빨리 이해할수록 우리에게 도움이 된다고 생각한다.

1. 삼보주(三步走)

중국의 고사성어 중에 '우공이산(憂公移山)'이라는 표현이 있다. 아흔 살 노인이 집 앞에 있는 산 때문에 생활이 불편하여 산을 옮기기로 결정하고 일을 시작하자 이웃 사람들이 비웃었다. 노인은 "본인이 죽으면 아들이 하고, 아들이 죽으면 손자가 계속 할 것이다"라는 대답에서 중국인의 시간관념의 일면을 볼 수 있다.

중국의 개혁 개방을 이끈 지도자 등소평은 경제 강국으로 가는 세 발걸음 즉 '삼보주(三步走)'를 목표로 세웠다. 제1보(步)인 온포(溫飽)는 초보적인 단계로 국민이 따뜻하게 입고 배부르게 먹는 문제를 해결하자는 것이다. 제2보(步)인 소강(小康)은 중간 단계로 의식주 걱정 없이 편안하고 넉넉한 생활을 할 수 있는 수준으로 끌어 올리자는 것이다. 제3보(步)인 대동(大同)은 중국의 현대화를 통해 풍요로운 사회를 실현하자고 주장했다. 개혁 개방 30여년을 거치면서 제1보인 온포단계는 현실화 되었으며, 제2보인 소강사회는 현재의 중국 지도부가 임기 내에 실현할 것을 목표로 하고 있다. 금년 11월에 발표한 제13차 5개년 계획(2016-2020) 건의에서 중국은 12차 5개년 계획을 통해 1인당 GDP가 7,800달러 수준에 도달했으며, 2020년에는 GDP총량과 1인당 GDP를 2010년의 2배로 성장시키는 것을 목표로 하고 있다. 아울러 중국의 빈곤 인구

를 2020년까지 빈곤 상태에서 탈피하도록 한다는 계획이다. 중국의 빈곤 인구
는 연 수입 2,300위안(한화 40만원 상당)이하의 인구로 7,017만명에 이르고
있다. 등소평이 주창한 '삼보주(三步走)'의 목표는 후임 지도자들이 변함없이
계승해 나가고 있다. 이처럼 중국의 지도자들과 국민은 우리보다는 훨씬 더 장
기적인 시간관념을 가지고 있다고 볼 수 있다. '우공이산(憂公移山)'의 시간관념
과 결의가 다양한 정책에 반영되고 있다.

2. '일대일로(一帶一路)'전략

현재의 중국 지도부는 전면적인 소강(小康)사회의 완성과 조화로운 사회 건
설을 통하여 '중화민족의 위대한 부흥'이라는 '중국의 꿈(中國夢)'을 캐치프레
이즈로 강조하고 있다. 이러한 중국의 꿈을 실현하기 위한 방안의 하나로 '일
대일로(一帶一路)'전략을 수립하고, 이를 뒷받침하기 위해 '아시아 인프라 투자
은행(AIIB)', '브릭스(BRICs)은행', '실크로드기금'의 설립을 추진하고 있다. 아
시아 인프라 투자은행은 초기 자본금 1천억 달러로 조성할 계획이고, 브릭스
(BRICs)은행은 브라질, 러시아, 인도, 중국, 남아프리카공화국이 균분해서 초
기 자본금 1천억 달러로 설립할 계획이다. 실크로드기금은 중국이 400억 달러
를 출자하여 일대일로 인접 국가의 기초설비, 자원개발, 산업합작, 금융합작
등을 추진할 예정이다. 일대일로는 당나라 시대에 개척한 육상 실크로드와 명
나라 시대에 개척한 해상 실크로드를 재현하자는 전략이다. 중앙아시아와 동
남아시아 국가와의 외교관계를 돈독히 하고, 신흥 시장 진출을 통해 경제성장

의 동력을 확보하여 과잉 산업 문제를 해결하겠다는 전략이다. 한편으로는 필요한 자원과 에너지를 안정적으로 확보하고 서부 내륙 지역의 발전을 촉진하여 지역 불균형 성장 문제와 소수민족 문제 등을 해결하고, 위안화의 국제화를 추진하는 다목적 전략이다. 일대(一帶)를 통해 중국 내륙에서 중앙아시아를 거쳐 터키 이스탄불과 네델란드 로테르담까지 연결되는 실크로드 경제 벨트가 형성될 예정이고, 일로(一路)를 통해 중국의 동부 연안에서 말레이시아 쿠알라룸푸르, 인도 캘커타, 케냐 나이로비, 수에즈운하와 아테네항 등을 거쳐 네델란드 로테르담에 이르는 21세기 해상 실크로드가 형성될 예정이다.

* 자료 : 연합뉴스

'일대일로'전략에 따라 중국 서안(西安)에서 중앙아시아 5개국 44개 도시에 '장안호(長安號)'라는 화물열차가 운행되고 있으며, 향후에는 유럽까지 철로가 연결될 예정이다. '일대일로'전략의 일환으로 중국은 금년에 개통한 이집트의 제2 수에즈운하 건설에도 공사비의 절반에 가까운 40억 달러를 투자하여 협력을 확대[1]하고 있다. 또한 수에즈운하를 거쳐 유럽으로 진출하는 물류 중심지인 아테네 항구의 경우에는 3개의 화물부두 중에서 2개를 이미 중국의 국영 해운 회사인 코스코가 운영[2]하고 있으며, 아테네 항구에서 체코 프라하까지 가는 화물열차 운행권도 코스코가 확보해서 운영하고 있다. 이로써 수에즈운하를 거쳐 유럽 대륙으로 향하는 교통로가 확보된 셈이다. 중국의 일반 서민들은 '일대일로'전략을 통해 유럽까지 연결된 중국의 고속열차를 타거나, 중국산 자동차를 타고 중국 기업이 건설한 고속도로를 통해 유럽까지 자유롭게 여행하는 꿈을 꾸고 있을 것이다.

금년 8월에 중국 상무부에서 발표한 '일대일로'에 인접한 국가와의 경제무역의 상반기 성과[3]를 보면, 무역 총액은 전년 동기 대비 8.4% 감소했으나 중국의 수출은 오히려 1.9% 증가 했으며, 수입은 20.9% 감소했다. 인접국가에서 중국에 투자하여 설립한 기업은 948개 기업으로 전년 동기 대비 10.6% 증가했으며, 실제 투자된 금액은 4.1% 성장했다. 투자 증가폭이 큰 국가로는 말레이시아, 사우디아라비아, 폴란드 등이다. 중국 기업은 '일대일로'에 인접한 48개 국가에 전년 동기보다 22% 증가한 70억 달러의 직접투자를 진행하고 있으며 주요 투자 대상 국가는 싱가포르, 인도네시아, 라오스, 러시아, 카자흐스탄이다. 가장 두드러진 성과 중의 하나로 중국 기업이 '일대일로'에 인접한 60개 국가에서 수주한 프로젝트가 1,401개, 계약금액이 375억 달러로 해외에서 신

1) 한국경제, 2015.8.14
2) 슈퍼차이나, 가나출판사, 2015.4, p.143-144
3) 상무부, 일대일로 연선국가 경제무역합작 효과 예상 초과, 중국청년망, 2015.8.5

규로 수주한 계약금액의 43%에 이르는 성과를 거두었다. 주요 프로젝트로는
전력, 통신, 주택건축, 교통운수, 석유화학공장 건설 이다. 중국 정부의 '일대
일로'전략이 중국 기업이 해외로 진출(走出去)할 수 있는 새로운 기회를 제공
해 주고 있다.

3. 신창타이(新常態)시대와 대중창업(大衆創業)

중국의 경제 성장률이 2012년부터 7%대의 중속 성장시대[4]로 접어든 이후
금년에는 경제 성장률 목표를 7%로 설정하고 실업난[5]해소와 일자리 창출을 위
해 대중창업(大衆創業)을 강조하고 있다. 대학 졸업생이 금년에는 749만 명으
로 늘어났고, 도시화 정책에 따라 도시인구 또한 연 1천만 명 정도 증가하고
있다. 일자리 문제는 정치·사회적 안정을 위해서도 중요한 과제이기 때문에
창업을 강조하는 배경이기도 하다.

중국에서 기업의 등록과 관리를 전담하는 국가기관인 국가공상행정관리총
국의 발표에 따르면, 금년도 상반기에 전년 동기 대비 15% 증가한 685만개
(법인기업은 2백만개)의 기업이 창업을 했으며, 6월말 누계로 등록기업 수는
7,419만 개에 이른다고 한다. 법인기업을 기준으로 하루에 1만 1천개 기업이
창업하는 창업 열풍이 불고 있다.

---

4) 2011년 9.3%에서 2012년 7.7%, 2013년 7.7%, 2014년 7.4% 성장
5) 도시등기실업률로 경제성장률이 10.5%이던 2010년 실업률이 4.1%로 경제성장률이 7.4%이던 2014년
    과 실업률은 동일한 수치로 실업률 통계에 함정이 있다. (국민일보, 2015.7.15)

국가공상행정관리총국에서는 매년 등록업체 현황과 신설업체 등의 증가 현황과 성과만을 발표하고 있다. 최근 3년간 발표한 자료를 토대로 소멸기업에 대한 추정을 한 결과, 2014년도에는 1,293만 개가 창업하는 한편, 423만 개(기업 74만개, 자영업 349만개)가 소멸했고, 2015년 상반기에는 685만 개가 창업하고 198만개가 소멸한 것으로 추정된다. 최근 2년 반 동안 1천만 개가 넘는 업체가 소멸 했다. 중국 또한 다산다사(多産多死)의 창업 환경을 가지고 있다는 것을 짐작할 수 있다.

(최근 3년간 업체 현황[6])

연도	등록업체 수 (연도말/만개)				신설업체 수 (만개)	소멸업체 추정[7](만개)
	기업	자영업자	농민합작사	소계		
2012	1,367	4,059	69	5,495	–	–
2013	1,528	4,436	98	6,062	1,132	564
2014	1,819	4,984	129	6,932	1,293	423
2015.상	–	–	–	7,419	685	198

---

6) 국가공상행정총국이 해당연도에 발표한 '전국시장주체 발전총체정황'자료를 정리
7) 전년도 소계 + 당해 연도 신설 기업 수 – 당해 연도 소계

4. G2에서 G1을 목표로

중국 청화대학교 염학통(閻學通) 교수는 '역사의 관성'(국내에는 '2023년[8]'으로 번역 출간)이라는 저서에서 "1인당 GDP로 한 국가의 국력과 위상을 가늠하는 것은 과학적인 방법이 아니다. 한 국가가 세계에 미치는 영향력은 종합 국력에 따라 결정된다. 경제적인 측면에서만 보면 1인당 GDP가 아니라 그 나라의 GDP총량에 달려 있다"고 주장한다. 또한 그는 "경제측면에서 앞으로 10년 미국의 연평균 성장률이 2%대이고 중국이 8%대를 기록한다면 2023년말 미국의 GDP는 19조 달러가 될 것이고, 중국의 GDP는 현재의 환율로 계산할 때 17조 달러, 그해의 환율로 계산할 경우 미국을 추월할 것"이라고 전망한다. "앞으로 10년 군사, 정치, 문화 등 중국의 종합 국력을 구성하는 요소들이 경제와 비슷하거나 더 빠른 속도로 발전하여 경제와 균형을 이룰 것"으로 전망하기도 한다.

청화대학교 경제관리학원 이도규(李稻葵)주임은 2013년에 발간된 '중국미래 30년[9]'에서 첫 번째 10년 기간에 10% 성장, 두 번째 10년 기간에 9% 성장, 세 번째 10년 기간에 8% 성장을 달성한다면 2038년에 1인당 GDP는 4만 8천 달러에 이를 수 있으며 가능한 일이라고 장밋빛 전망을 하고 있다.

또 다른 중국의 경제학자 엽초화(葉楚華)는 '중국은 미국을 어떻게 이기는

---

8) 2023년 세계사 불변의 법칙, 글항아리, 2014, p37,p101
9) 중앙번역출판사, 2013.10, p.50-51

가?[10]' 라는 저서에서 "중국의 GDP 총량이 미국을 초월하는 것은 어렵지 않은 일이다. 진정한 의미에서 중국이 미국을 따라잡는다는 것은 GDP 총량이 미국을 추월하는 것을 가리키는 것이 아니다. 이를 달성하기 위해 실행해야 할 몇 가지로 중국의 1인당 GDP, 지식산업과 소프트 파워가 미국에 필적하는 수준에 도달해야 하고, 중국의 금융이 세계 제1의 자리를 차지하고 있어야 하고 위안화가 반드시 국제화폐가 되어야 한다. 그리고 중국이 세계 과학기술 혁신의 중심에 있어야 한다"라고 주장한다.

이러한 중국계 학자들의 전망에 대해 하버드대 석좌교수인 조지프 나이(Joseph S. Nye Jr) 교수는 '미국의 세기는 끝났는가[11]'라는 저서에서 "경제력과 군사력, 소프트파워라는 세 가지 측면을 모두 고려한다면, 중국이 총 경제 규모 면에서 미국을 추월하더라도, 그것이 자동적으로 미국의 세기의 종말을 의미하지는 않는다"라고 주장한다. 또한 "중국에는 지금도 광활한 지역이 개발되지 않은 채 버려져 있고, 경제의 민감한 부분들을 고려하기 위해서는 1인당 소득이 더 좋은 척도이다. 중국은 2050년이 지나기 전까지는 미국경제를 따라잡지 못 한다"고 전망하고 있다.

개인적인 견해로는 소프트파워와 과학기술 혁신 능력에서 중국은 미국을 따라잡지 못할 것이라고 생각한다. 중국의 중앙방송인 CCTV의 뉴스, 드라마, 영화 채널에서는 아직까지 항일 전쟁, 무협 드라마, 획일적인 보도가 주류를 이

10) 밸류앤북스, 2011.5, p124-125
11) 도서출판 프리뷰, 2015.5, p200

루고 있다. 창의성은 모자라고 미래보다는 과거에 사로잡혀 있으며, 과거의 영화(榮華)와 향수를 꿈꾸며 살고 있다는 느낌이다.

과학기술 혁신 능력 부족은 중국 기업의 모방 심리에 잘 나타나고 있다. 홍콩 중문대학교 랑함평(郎咸平) 교수는 '벼랑 끝에선 중국경제[12]'라는 저서에서 "해외 유명 브랜드의 디자인을 베끼는 현재 중국 기업의 행위에 대해 많은 이들이 성장을 위해 반드시 걸어야 할 길이라며 자위하고 있다"고 했다. "일부 중국 업체에서도 자체 개발이나 연구에 나서기도 했지만 금세 동종 업계의 여타 경쟁자에게 표절당하기 일쑤였던 탓에 수익은커녕 연구 개발비조차 건지지 못했다. 이런 상황에서 중국 기업의 자체 개발에 사활을 걸어야 한다고 아무리 말해보았자 소귀에 경 읽기일 뿐이다". 또한 "중국 정부는 지적재산권을 보호하지 않는 것은 물론 '짝퉁' 제품에 대해서도 아무런 규제도 하지 않았다. 지적재산권은 물론 소비자의 권익도 제대로 보호해주지 못하기 때문에 중국 내 기업들은 다른 사람의 것을 무작정 베끼거나 일반 소비자를 기만하는 일에 크게 개의치 않는다"라고 평가했다.

일반인뿐만 아니라 중국의 지식인조차도 지식재산권에 대해서는 개의치 않는다. 앞서 소개한 중국 경제학자 엽초화(葉楚華)는 '중국은 미국을 어떻게 이기는가?[13]'라는 저서에서 "중국은 현재 엔터테인먼트 제품의 해적판, 불법 복제판이 제멋대로 날뛰고 있다. 정품을 사는 습관도 아직 형성되지 않았고, 영

---

12) 책이 있는 풍경, 2012.10, p.389, p396, p398
13) 밸류앤북스, 2011, p.133-134

화관에 가서 영화를 보는 사람도 많지 않다. 아이러니하지만 만약 그렇지 않았다면 외국의 엔터테인먼트 산업은 중국의 부를 100배, 1,000배 더 빼앗아 갔을 것이다. 그래서 현재 복사판이 난무하고 있는 중국의 상황은 그나마 불행 중 다행이다."라고 한다.

5. 제조 대국에서 제조 강국을 향하여

중국이 G1이 될 수 있을 것인지? 된다면 어느 시점에서 G1이 될 것인지? 는 흥미를 불러일으킬 수는 있지만 막상 우리 경제가 처한 현실과는 일정한 거리감이 있다. 중국의 주력 산업과 우리나라의 수출 주력 산업이 치열한 경쟁을 펼치고 있으며, 금년 들어서는 중국 경기의 부진으로 인해 주력 산업의 수출이 줄어들고 있을 뿐만 아니라, 중국 기업의 빠른 성장으로 인해 제2, 제3의 샤오미 쇼크가 발생할 우려마저 커지고 있다. 이러한 시점에서 중국 정부가 금년 5월에 제조 대국에서 제조 강국으로 가기 위한 '삼보주(三步走)'의 전략을 발표했다.

중국의 '일대일로' 전략이 실크로드를 부활하는 것이라면, 실질적인 알맹이는 '제조 강국' 프로젝트라고 생각한다. 제조 강국 프로젝트가 뒷받침이 되지 않으면 '일대일로'는 '길은 길이요, 바다는 바다일 뿐이다'. 제조 강국 프로젝트를 통해서 한층 경쟁력이 높아진 중국의 제품과 고속철도 등이 '일대 일로'를 통해서 중앙아시아, 동남아시아와 유럽으로 진출할 것이다. '중국 제조2025

전략'이 '중국의 꿈(中國夢)'을 실현시켜 나가는 주요한 정책으로 역할을 할 것으로 예상이 되는 반면에, 앞으로 한국의 중소기업에는 더 큰 위기로 다가올 것으로 전망된다. 중국이 제조 대국에서 제조 강국으로 가는 첫걸음인 '중국 제조 2025 전략'을 통해 중국의 제조업이 처한 현실을 파악하고, 중국이 2020년대에 G1이 될 가능성이 있는지 함께 가늠해 보기를 기대한다.

2.
'중국 제조 2025 전략이란 무엇인가?

—

'중국 제조 2025 전략'이란 무엇인가?

중국이 개혁 개방 30여년 만에 고도성장을 통해 '세계의 공장', '제조 대국'이라는 지위에 올랐다. 이러한 외형적인 성장에도 불구하고 그동안 중국의 제조업은 지식재산권에 대한 인식부족과 선진 기술과 제품에 대한 베끼기 등으로 인해 중국산 제품은 '짝퉁'의 대명사로 알려진 것이 사실이다. 더불어 중국의 제조업이 진정한 기술 경쟁력이 있는지 궁금해 하던 차에 금년 5월에 중국 정부에서 '중국 제조 2025 전략'을 발표했다. 중국의 우주, 항공 분야와 고속철도는 이미 우리나라보다도 훨씬 더 발전해 있으며, 또 다른 한편으로는 겉으로 나타난 위상과 다르게 중국의 산업 전반에 나름대로의 취약점을 가지고 있다는 것을 확인할 수 있었다.

중국 정부와 각 분야의 전문가들이 스스로 중국 제조업의 취약점을 분석하고, 이를 극복하기 위해 마련한 계획인 만큼 중국 정부가 앞으로 10년간 어떤 방향으로 제조업 정책을 추진할지를 가늠해 볼 수 있는 길잡이라고 생각한다.

중국의 제조업이 달성한 외면적인 성과와 더불어 내재적인 문제점을 올바르게 이해함으로써 우리나라 제조업이 나아가야 할 방향을 다함께 고민하고, 생존 전략을 마련할 필요가 있다.

또한, 우리가 '중국 제조 2025 전략'을 주목해야 하는 이유는 과거 중국 정부의 지원 정책이 산업 발전에 커다란 영향을 끼쳤다는 점이다. 예를 들면, 농촌 지역의 내수 확대와 가전산업 발전을 위해 추진한 '가전하향정책(家 · 下 · 政策)'으로 인해 중국의 가전산업이 괄목할 만한 성장을 이루었다. 가전하향정책은 지역별로 시행시기가 다소 차이가 있지만 2008년부터 2012년 말까지 농촌지역에서 가전제품을 구입하면 판매금액의 13%를 보조금으로 지원한 정책이다. TV, 냉장고, 휴대전화, 세탁기, 컴퓨터, 에어컨, 온수기, 전자렌지, 전기조리기 등 9개 품목으로 가구당 2대 까지 보조금을 지원하여 가전제품에 대한 수요를 견인하고 중국 가전업체의 성장 계기를 마련했다. 자동차 구입과 관련한 우대 정책으로는 대도시 이외의 지역에서 1,600cc 이하의 소형자동차를 구입할 경우에 자동차소비세[14]를 2009년 10%에서 5%로 인하하고, 2010년 말까지 7.5%를 유지하여 소형자동차 구입을 장려한 바가 있다. 아울러, 중고 자동차를 팔고 신차를 구입할 경우(以旧換新) 보조금[15]을 지원하여 자동차 수요를 견인하는 정책을 추진하였다. 2008년 글로벌 금융위기에는 4조 위안(한화 720조원)을 투입하여 고속철도, 고속도로, 풍력발전 등 인프라 투자를 통해 경기 활성화와 관련 산업을 육성한 사례가 있다. 이러한 사례에서 알 수 있듯이 중

---

14) 배기량 2.0~2.5리터는 25%, 2.5~3.0리터는 40%, 3.0~4.0리터는 50%
15) 2009년 6천 위안에서 2010년에는 1만 8천 위안으로 인상하였다.

국 정부에서 중점적으로 추진하는 정책은 산업뿐만 아니라 사회 전반에 막강한 영향력을 발휘하고 있다.

홍콩 중문대학교 랑함평(郞咸平)교수[16]는 "중국 정부는 이상한 습관을 가지고 있다. 무엇이든 역전할 수 있다고 확신에 차 있을 뿐만 아니라 대형 프로젝트를 통해 단번에 업계 최고 자리에 오를 수 있다고 자신한다."고 평가하기도 한다.

그럼에도 불구하고 개혁 개방 30여 년 동안 중국 정부가 이룩한 성과와 14억 인구의 거대한 내수 소비 시장, 매년 750만 명에 달하는 대학 졸업생 등 고급인력과 하루에 1만개 이상의 기업이 탄생하는 창업 열풍을 고려하면 앞으로의 10년 또한 긴장 속에서 중국 제조업의 발전 과정을 예의 주시할 필요가 있다. 중국 정부 스스로 중국의 산업이 '크지만 강하지 않다(大而不强)'라고 했듯이, 우리 중소기업은 중국 기업의 취약한 부분을 더욱더 발전시켜서 '작지만 강한 글로벌 강소기업(强小企業)'으로 거듭나서 현재 확보하고 있는 국제 분업 구조상의 경쟁 우위를 지속적으로 유지해 나가는 노력이 절실하다

---

16) 벼랑 끝에선 중국경제, 책이 있는 풍경, 2012, p.160

❖ **(참고) 중국의 제조업 현황**

중국 국가통계국이 2014년 12월에 발표한 '제3차 전국경제조사'결과에 따르면 2013년 말 기준으로 중국의 공업 기업 법인은 241만 개이며, 근로자는 1억 4,025만 명이다. 공업 기업 법인 중에서

- 내자기업은 229.3만 개(95.1%), 홍콩·마카오·대만이 투자한 기업이 5.7만 개(2.4%), 외상 투자기업이 5.9만 개(2.5%)이다. 고용 인원은 내자 기업이 80.3%, 홍콩·마카오·대만 투자 기업이 9.6%, 외상 투자 기업이 10.1%를 고용하고 있다.

- 내자기업 중에서 국유 기업은 2만 개(0.8%), 집체기업 4만 개(1.7%), 사영기업 176만 개(73%)이다. 고용 인원은 내자 기업 중 국유 기업이 3.4%, 집체 기업이 1.2%,사영기업이 44.7%를 고용하고 있다.

- 공업기업법인 중에서 광업이 8.9만 개(3.7%), 제조업 225.2만 개 (93.4%), 전력·열·가스·물 생산·공급기업이 6.9만 개(2.9%)이다.

[제조업 세부업종별 주요 현황]

업 종	법인수(만개)	근로자(만명)
식품제조	4.7	289.5
방직	10.8	663.7
복장, 복식	12.1	750.8
피혁, 모피, 구두 제조	5.6	441.9
가구제조	4.6	199.1
인쇄 및 기록물 복제	6.7	195.1
문구, 공예미술, 체육, 오락용품 제조	7.5	371.6
석유가공, 코크스 및 핵연료 가공	0.7	105.7
화학원료 및 화학제품 제조	10.2	655.3
의약제조	1.9	242.7
화학섬유제조	0.6	56.2
고무 및 플라스틱 제조	13.9	547.1
비금속광물제조	21.3	987.8
금속제품업	19.1	663.9
일반설비제조	21.7	789.4
전용설비제조	14.3	580.2
자동차제조	5.4	529.2
철로, 선박, 항공우주, 기타운수장비 제조	2.6	236.6
전기기계 및 기자재 제조	13.8	844.2
컴퓨터, 통신, 기타 전자설비 제조	7.3	1028.3
계측기 제조	3.0	157.7

1. 중국 제조업의 위상[17]

가. 2010년 제조 대국으로 부상

중국 건국 60여 년 이래 제조업은 빠른 속도로 성장하고 있으며 2000년에는

---

17) 중국제조2025 분석 : 중국 제조업 발전의 신 단계에 진입, 공업신식화부, 2015.5.26

제조업의 전 세계 비중은 6.0%로 세계 4위, 2007년 13.2%로 세계 2위, 2010년에는 19.8%로 세계 1위의 제조 대국으로 성장하였다. 2013년에 중국 제조업의 세계 비중은 20.8%로 4년 연속 제조업 세계 제1위 국가로서의 지위를 확보하고 있다. 2014년에 제조업이 중국의 GDP에서 차지하는 비중은 35%이고, 500여종의 주요 공업생산품 중에서 220여종이 세계 제1위의 생산량을 자랑한다. 또한, 2014년 세계 500대 기업[18]에 미국(128개)에 뒤이어 중국의 100개 기업이 진입하였으며, 그중에서 제조 기업은 56개에 달한다.

유인우주선, 달 탐사, 유인 심해잠수정, 중형항공기, 대형 액화천연가스 운반선(LNG), 고속철도 교통장비 영역에서는 큰 진전이 있었으며, 특고압 변전설비, 100만톤급 에틸렌 정제설비, 풍력발전설비, 슈퍼컴퓨터[19] 등의 장비산업은 이미 세계적인 수준이다. 해양공정장비는 세계시장의 30%를 차지하고 있으며, 중국산 스마트폰의 국내시장 점유율은 70%에 이르고 있다. 중화학공업부문[20]에서는 일부 품목이 전 세계 생산량의 절반을 차지할 정도로 괄목할 만한 성장을 이루었다.

나. 낙후 산업 구조조정

한편, 낙후 산업에 대한 구조조정 결과 2014년 6월 자동차제조 상위 10대 기업의 생산 집중도는 90%에 이르렀고, 평판유리 상위 10대 기업의 생산 점

---

18) Fortune이 2014.7발표. 2014년 중국은 100개(대륙 91개, 홍콩 4개, 대만 5개 기업 포함), 2015년 106개(대만 8개 기업 포함), 한국은 2014년 17개 기업
19) 중국 광주 슈퍼컴퓨터센터에 있는 천하(天河) 2호는 5년 연속 세계 최고 슈퍼컴퓨터로 선정
20) 2013년 조강생산량은 전 세계의 52%, 전해알루미늄은 46%, 시멘트 58%, 평판유리 60%를 생산

유율은 53.5%, 전해알루미늄 생산 상위 10대 기업의 생산 점유율은 68%로 지속적으로 집약된 발전을 추구하고 있다.

2. 중국 제조업이 당면한 과제들[21)]

중국 제조업이 외형적으로는 괄목할 만한 성장을 했음에도 불구하고, 중국 정부는 제조업이 많은 부분에서 해결해야 할 문제점을 가지고 있는 것으로 분석하고 있다.

가. 창조 능력 부족, 고급 기술 해외 의존

우선, 첫 번째 문제로는 자주적인 창조 능력이 부족하고, 핵심 기술과 고급 장비의 대외 의존도가 높아서 기업이 주도적으로 창조할 수 있는 체계가 불완전하다는 점이다. 최근 몇 년간 중국의 과학기술 창조는 현저한 성과를 달성했고 특허 신청 건수도 대폭 상승했다. 2014년 취득한 발명특허 건수는 23만 건으로 4년 연속해서 세계 1위를 달리고 있다.

그러나 기술의 대외 의존도는 50%이상이며, 핵심 기술에 있어서는 핵심 부품, 시스템 소프트웨어, 고급 장비 등은 수입에 의존하는 등 근본적인 개선이 이루어지지 않고 있다. 예를 들면, 2013년 집적회로의 80%를 수입하고 있으

---

21) 중국제조2025 분석 : 제조강국 건설의 임무와 절박함, 공업신식화부, 2015.5.26

며, 수입 총액은 2,313억 달러로 원유 수입액을 초과하여 제1위의 수입 제품이 되었다. 선진 국가와 비교해 볼 때, 중국의 제조 기업은 기술 창조의 동력이 부족하고 활발하지 않다. 이는 기초연구 투자 부족에서 기인한다. 기초연구 투자는 5%에 불과한 정도로 선진국의 1/4수준이다. 대학 및 과학기술 연구기관의 연구 성과의 기업 이전비율이 10%에 불과하며, 선진국의 40% 수준과 비교할 경우 상당히 낮은 수준이다. 아울러 산학연(産學研)이 협력하여 창조할 수 있는 구조가 아직 형성되어 있지 않다. 창조 능력이 강하지 않기 때문에 국제 분업 구조상 기술 함량 및 부가가치가 높지 않은 제조-가공-조립 단계에 머물러 있다.

'제조 강국 전략연구[22]'에 따르면, 제조장비의 핵심부품과 계측기, 핵심 재료는 수입에 의존하고 있고 자동차, 방직, 항공, 우주 등 중점 산업의 발전에 소요되는 장비는 주로 수입하고 있으며 대형 항공기, 반도체와 집적회로 전용설비, 광섬유 제조설비, 대형 과학기기, 대형 의료기기도 수입하고 있다. 중국의 유효한 특허는 실용신안과 외관 설계 특허가 위주이며 발명특허는 외국과 비교해서 훨씬 낮은 수준이다.

나. 품질불량, 세계적인 브랜드 부족

두 번째로 제기되는 문제로는 생산품의 품질 등급이 높지 않고, 세계적인 브랜드와 국제적인 기업이 부족하는 점이다. 제조업의 경쟁력이 강하지 않고, 세

---

22) 중국공신출판집단. 2015.5. p.123

계적인 브랜드가 부족하며, 선도 기업의 발전이 부족하여 일부 국가 및 지역에서 "made in china"는 품질이 열악한 대명사로 간주되고 있고, 국가의 명성에 중대한 손해를 끼치고 있다. 국가가 감독하는 샘플링 검사에서 불합격률은 10%에 이르고 있고, 수출 제품 중 리콜(recall) 수량은 장기간 세계 1위를 차지하고 있다. 매년 직접적인 품질 손실액은 2천억 위안을 초과하고 있으며, 간접적인 손실은 1조 위안을 초과한다. 완구를 예로 들면, 2013년 7월부터 2014년 6월까지 EU의 새로운 "완구안전지침"이 전면 시행된 일 년 사이에 EU RAPEX[23]가 통보 또는 리콜(recall) 한 중국에서 제조하여 EU에 수출된 완구 제품은 498건에 이르며, 매월 20여건 이상의 완구가 품질 안전 문제로 RAPEX의 통보, 리콜 조치를 받았다.

'제조 강국 전략연구[24]'에 따르면, 최근 들어서 국가가 관리, 감독하는 샘플링 검사에서 불합격률이 줄어들고 있지만 여전히 10%정도이다. 일부 제품의 불합격률은 여전히 높으며 예를 들면, 냉연 철근의 경우 불합격률이 46% 이상, 전력변압기는 21% 이상, 절전등은 24% 이상이다. 또한, 핵심 부품의 신뢰성이 떨어진다. 기계 기초 부품의 경우 품질이 안정적이지 못하며, 정밀도와 신뢰성이 낮으며, 평균 수명은 외국 동종 상품의 1/3~2/3 수준이다. 국가 중점 지원 산업의 기술 장비 중점 영역의 대부분의 핵심 부품과 원재료를 수입에 의존하고 있다. 예를 들면, 핵 발전 영역에서 핵 발전기 설비 투자액의 1/4에

---

23) EU의 Rapid Exchange of Information System으로 안전성이 결여된 소비재에 대한 정보제공 등 경고시스템으로 의류, 신발, 화장품, 보석, 장난감 등이 대상이며, 식품, 의약품은 해당이 안 된다.
24) 중국공신출판집단, 2015.5, p.160

중국 제조 2025 전략'이란 무엇인가?

달하는 펌프와 밸브를 수입하고 있으며, 석유화학 기계 중의 펌프와 밸브, 반응기의 60% 이상, 수치제어 선반의 고급 기능 부품의 70% 이상, 고속철도 제동계통과 베어링의 80%는 수입에 의존하고 있다.

다음은 기업의 브랜드 설계, 브랜드 유지 등의 방면에 대한 투자가 부족하다. 2014년 세계 500대 브랜드[25]에 중국의 29개 브랜드가 포함되어 미국, 프랑스, 일본과는 많은 격차를 보이고 있다. 또한, 표준체계의 수준이 높지 않다. 중국이 주도적으로 제정한 국제표준이 차지하는 비율은 0.5%에 불과한 정도이며 표준의 갱신 또한 독일, 미국, 영국, 일본 등 선진국보다 2배 이상 느리다. 선도 기업의 발전수준 또한 제조업 대국의 지위와는 상당한 격차가 있다. 2013년 중국의 제조업체수가 225만개에 이르고 있으나, 세계 500대 기업에 진입한 업체 수는 36개에 불과하다.

다. 자원·에너지 이용 효율이 낮고, 환경오염 문제 부각

세 번째로 제기되는 문제는 자원과 에너지의 이용 효율이 낮고 환경오염 문제를 유발했다는 점이다. 중화학공업 위주의 공업화로 인해 자원과 에너지의 수요가 많으며, 일부 지방 또는 기업에서는 대규모 요소 투입형 성장에 치중해서 자원과 에너지의 이용률이 낮고 환경오염이 심각해졌다. 중국의 석 탄소비량은 전 세계 소비량의 절반 수준이며, 원유는 59% 정도를 수입에 의존하고 있으며 원유수요 증가량은 세계 증가량의 44%를 차지하고 있다. 철광석은 국

---

25) World Brand Lab이 2014.12.15일 발표. 미국 227개, 프랑스 44개, 영국 42개, 일본 39개, 중국 29개, 독일 23개, 스위스 21개, 이탈리아 18개, 한국은 삼성, 현대, LG, 롯데, SK텔레콤, LINE 등 6개

제 무역량의 69%를 차지하고 있으며 천연고무, 동, 니켈, 보크사이트, 납, 아연 등의 대외 의존도는 50%를 넘고 있다. 제조업에서 발생되는 주요 오염물질인 이산화유황과 질소산화물 배출량은 각각 전국의 90%, 70%를 차지하고 있다. 에너지 효율 측면에서도 선진국 수준과 비교할 경우 철강 산업은 6~7% 낙후되어 있고, 건자재는 10%, 석유화학공업은 10~20% 낙후된 것으로 평가되고 있다. 영국의 BP[26]의 통계에 따르면, 중국의 단위GDP당 에너지 소비는 세계평균의 1.9배에 이르고, 미국의 2.4배, 일본의 3.6배이며 브라질, 멕시코 등 개발도상국가보다도 높다고 한다. 2013년 '중국환경상황공보'에 따르면 2013년 전국 평균 황사 일수는 35일로 1961년 이래 최다를 기록했으며, 화북(華北) 중남부에서 강남북부의 대부분 지역이 안개와 황사 일수가 50~100일에 이르렀다고 한다. 한편, 2013년 '중국 국토자원공보'는 지하수의 60%가 이미 오염이 되어 수질이 나쁜 것으로 평가했다.

라. 산업구조 불합리, 고급 장비제조업 낙후

네 번째로 제기되는 문제로는 산업구조의 불합리성과 고급 장비 제조업 및 생산 서비스업의 낙후성이다. 제조업 발전에 있어 오랫동안 저비용 요소 투입에 의존해 왔으며, 수입된 기술과 생산력의 신속한 관리를 통해 규모의 확장을 실현해 왔다. 전통 산업의 생산능력 과잉과 지역별로 산업 발전의 동질화문제가 심각하다. 자원 집약형 산업의 비중이 지나치게 과다하고, 기술집약형 산업은 비중이 낮다. 강철, 전해알루미늄, 평판유리, 시멘트 등의 공급 능력은 수

요를 초과하며, 태양광 발전, 풍력발전 등 신흥 산업은 생산능력이 부족하다.

마. IT화 수준 및 공업화 융합 미흡

IT와 공업화의 융합은 제조 강국, 신형 공업화의 주요 동력이다. IT 화 수준은 높지 않고, IT기초설비 건설과 응용수준은 선진국에 비해 낙후되어 있다. 2012년 네트워크 준비지수(NRI)[27]는 4.03으로 미국, 일본, 독일, 한국보다도 뒤쳐진 51위에서 2013년에는 58위로 하락하였다. 대부분의 지역과 업종에서 IT화 수준은 여전히 초급 또는 일부 응용 단계에 머물러 있으며 국가경제, 사회 안전과 관련된 고급 핵심 소프트웨어는 수입에 의존하고 있다. 선진 국가와 지역은 이미 제조업과 IT기술의 전면적·종합적인 융합과 디지털화, 인터넷 응용 등 새로운 단계에 진입했다. 예를 들면, 독일의 제조업 수준, IT화 수준은 세계에서 선도적이며, 이미 공업 4.0전략을 추진하고 있다. 독일의 구분에 따르면 중국의 기업은 공업 2.0수준에 속하며, 스마트 제조를 주요 방향으로 기업의 연구개발, 생산, 관리 및 서비스의 스마트화를 추진해야 한다.

바. 산업의 국제화 수준 미흡 및 글로벌 경영 능력 부족

산업의 국제화 수준을 높이기 위해 기업들의 해외진출(走出去)을 촉진하는 것이 제조업 발전의 국제화 전략의 주요 구성부분이며, 제조 강국의 전면적인 건설, '일대일로(一·一路)'전략 실현을 위한 길이라고 평가한다. 상무부가 발표한 자료에 따르면, 2013년 대외직접투자 총액은 1,078억 달러로 2002년 대

---

27) Network Readiness Index, 개인, 기업, 정부의 정보통신기술 활용도와 잠재력을 종합적으로 측정하는 지수

비 40배 가까이 증가했으며 투자 기업 수는 2만 5천개 기업에 달한다. 그러나, 공업기업의 해외 진출은 아직 초보단계이며, 투자 규모로는 미국의 10%, 일본의 절반정도에 해당한다. 산업 유형 상으로는 석탄, 강철, 유색금속, 석유 등 에너지 자원과 노동집약적산업에 집중되어 있다. 많은 기업이 대외투자의 장기발전 전략과 인재가 부재하고, 국제시장 변화에 따른 반응 또한 상대적으로 느리고 투자환경, 법률체계, 문화 등에 대한 이해가 총체적으로 부족하다. 자원 확보를 위한 해외 광업 구매 실패율은 70~80%에 이르고 있으며, 이는 산업의 국제화와 글로벌 경영 능력을 높이는 것에 대한 어려움을 나타낸다.

3. 제조 강국 전략 추진 배경 [28]

중국 정부에서는 제조업에 내재한 당면 과제들뿐만 아니라 국제적인 경쟁 환경 변화와 임금 상승, 도시인구 증가에 따른 내수 잠재력 활용 필요성 등에 따라 장기적인 경쟁력 확보 차원에서 분야별 전문가들이 2년여간의 연구검토를 거쳐 금년에 제조 강국 전략을 수립하였다.

가. IT기술과 제조 기술의 융합 등 제조업의 변혁

IT기술과 신재생 에너지, 신재료, 생물기술 등 중요한 영역에서 기술 혁신과 융합화가 가속화 되고 있다. IT기술과 제조업의 융합은 앞으로 생산방

---

28) 중국제조2025 분석 : 제조업 발전이 당면한 형세와 환경, 공업신식화부, 2015.5.26

식, 생산조직, 산업형태에도 많은 변혁을 가져올 것이며, 유비쿼터스 컴퓨팅(Ubiquitous Computing[29]), 가상현실기술, 3D 프린터, 빅 데이터(Big Data) 등의 기술은 제조업 기술 체계의 재구축을 가져올 것이라고 평가하고 있다. 3D 프린터는 신재료, 디지털 기술과 스마트 기술을 제품에 반영하고 제품의 기능을 풍부하게 하며, 성능의 질적 변화를 가져오게 될 것이라고 전망하고 있다.

인터넷, 사물인터넷(IoT)[30], 클라우드 컴퓨팅[31], 빅 데이터 등 정보화의 진전에 따라 제조 기업, 제조 서비스업, 사용자 등이 인터넷 상에서 상호작용하게 됨에 따라 소량 생산이 대량생산을 대체하게 된다. 아울러 스마트 생산이 미래 제조업의 주요 방식이 될 것이며, 일반적인 기능의 노동은 스마트 장비와 생산 방식으로 대체될 것으로 전망하고 있다. 산업의 가치 중심이 생산단계에서 연구 개발, 설계, 판매 서비스 등으로 바뀔 것이며, 산업의 형태도 생산형 제조에서 서비스형 제조로 바뀔 것이며, 인터넷 금융, 전자 상거래 등이 산업 가치망의 새로운 체계로 빠르게 구축될 것으로 전망하고 있다. 이러한 산업 기술 혁명과 산업변혁은 중국에 새로운 기회를 가져다 줄 것으로 기대하고 있다.

---

29) 언제, 어디서나, 누구나, 어떤 기기를 통해서도 컴퓨팅을 할 수 있는 것을 의미한다.
30) Internet of Things, 생활속 사물들을 유무선 네트워크로 연결해 정보를 공유하는 환경 접속을 통해 언제든 사용할 수 있고 각종 정보통신 기기로 데이터를 손쉽게 공유할 수 있는 사용 환경
31) Cloud Computing, 사용자가 필요한 소프트웨어를 자신의 컴퓨터에 설치하지 않고도 인터넷 접속을 통해 언제든 사용할 수 있고 각종 정보통신 기기로 데이터를 손쉽게 공유할 수 있는 사용 환경

나. 선진국의 제조업 진흥 정책과 동남아국가의 부상

세계 경제 경쟁이 격화됨에 따라 미국을 위시한 선진국이 제조업을 핵심으로 하는 '재공업화'와 '제조업 회귀전략'을 취하고 있다. 미국은 2013년에 45개의 제조업 창조 센터를 건설하고 3D 프린터 등 혁명적인 영향력을 가진 제조기술을 집중 연구하고, 기술 창조를 주요 골자로 하는 '제조업 창조인터넷계획'을 수립하여 시행하고 있다. 독일은 가상물리시스템(CPS[32])과 스마트 공장, 스마트 생산을 주요 내용으로 하는 '공업 4.0전략'을 채택하고, 스마트 제조 기술의 창조자이자 공급자로서의 역할을 자임하고 있다. 일본은 2014년 '제조업백서'를 통해 로봇, 차세대 청정에너지 자동차, 재생 의료 및 3D 프린터 기술에 중점을 두고 제조업의 진흥과 일본경제의 부흥을 도모하고 있다. 이러한 선진국의 제조업 진흥 정책에 따라 제조업의 선진국으로의 복귀가 시작되고 있다. 애플컴퓨터는 미국 본토에서 생산하고 있고, 일본의 파나소닉(Panasonic)은 세탁기와 전자렌지 생산을 중국에서 일본으로 이전을, 샤프(SHARP)는 일본 본토에서 더 많은 기종의 액정TV와 냉장고 생산을 계획하고 있으며 TDK 또한 전자 부품 생산을 중국에서 일본으로 이전할 계획을 하고 있다. 또한, 베트남, 인도 등 동남아 국가는 자원과 노동력의 비교 우위에 의존하여 중ㆍ저급 노동집약형 제조업을 받아들이고 있다. 예를 들면, 나이키(Nike), 유니클로(UNIQLO), 삼성, 팍스콘(FOXCONN) 등 유명 기업들이 동남아와 인도에 공장을 신설하고 있다. 중국의 제조업은 선진 국가로의 고급 기술 기업 복귀와 중ㆍ저급 노동집약형 제조 기업은 개발도상국가로 이전하는 양방향의 압력을 받고

---

32) Cyber-Physical System, 로봇, 의료기기 등 물리적인 실제의 시스템과 사이버공간의 소프트웨어 및 주변 환경을 실시간으로 통합하는 시스템

있다고 평가한다.

다. 경제발전 환경의 중대 변화

그동안 중국 제조업의 비교 우위로 작용하던 노동인구와 저임금 등의 이점이 점점 사라지고 있다. 노동연령 인구는 2011년 정점에 달한 이후 2014년에는 560만 명이 줄어들었으며, 평균임금 또한 3~4천 위안(한화 60~80만원)으로 동남아국가에 비해 월등히 높은 수준이다. 환경측면에서도 전국의 도시 중 70%가 환경, 공기 등이 표준에 도달하지 못하는 것으로 나타났다. 17개 성(省)의 6억 명의 주민이 황사 등의 영향을 받고 있으며, 수질오염과 토양오염 문제가 나날이 부각되고, 중대한 환경사고가 수시로 발생하고 있다.

라. 내수 잠재력이 제조업 발전의 활로

도시화의 진전에 따라 매년 1천여만 명의 농촌인구가 도시인구로 전환이 될 예정이다. 추산한 바에 따르면, 도시화율이 1% 상승할 경우 1천억 위안(한화 18조원 상당) 정도의 소비수요와 5조 위안(한화 900조원 상당) 규모의 고정자산 투자를 일으킨다고 한다. 농업의 현대화 또한 제조업의 발전을 가져오고, 농촌의 기초설비와 시설의 건설을 강화하고, 농업 생산조건을 개선한다. 농업 기술장비의 수준 향상은 제조업의 창조 수요를 일으킨다. '일대일로(一·一路)' 전략, 경진기(京津冀, 징진지)협동발전[33], 장강경제권 등의 발전전략도 제조업의 발전을 촉진한다. 공업화 후기에 진입한 중국은 각종 산업부문에서 새로운

---

33) 북경, 천진, 하북성 권역의 통합개발 계획

장비의 수요가 발생하고, 국민은 새로운 소비수요, 국제경쟁과 국방건설에는 새로운 안전 수요가 발생하고 있다. 생산 장비의 기술 수준, 소비품의 품질 제고, 공공시설 설비공급 등은 제조업에 새로운 요구를 하게 된다. 13억 인구의 대규모 소비시장은 제조업이 가지는 최대의 이점이 되고 있다. 앞으로의 10년은 중국의 제조업이 당면한 도전이 거대하지만, 기회가 도전 보다는 크다고 본다. 과학기술 혁명과 산업변혁, 경제발전 방식의 전환 등으로 새로운 경제성장점을 형성하고 국제경쟁에서 새로운 우위를 조성하여 제조업 발전의 선제적인 기회를 차지할 필요가 있다고 평가하고 있다.

4. 제조 강국 3단계(三步走) 전략[34]

가. 제조 강국에 대한 기본 인식

국내외에 제조 강국의 개념이나 내용에 대해 통일된 개념은 존재하지 않는다. 선진 국가의 대표적인 특징들을 분석하면 제조 강국의 내용을 다음 세 가지 방면에서 개괄할 수 있다.

(1) 제조 강국의 내용

첫째는 규모와 효율이다. 미국, 독일, 프랑스, 일본 등 제조 강국으로 인정받는 국가들의 발전 과정에 비추어 볼 때, 가장 기본적인 특징은 제조업의 규모와 산업의 품질이 끊임없이 향상되고 있다는 점이다.

---

34)   국제조2025 분석: 제조강국 삼보주전략, 공업신식화부, 2015.5.26

둘째는 국제 분업 구조상에서 비교적 높은 지위를 차지하고 있다는 점이다. 대부분의 제조 강국은 고급 기술 산업과 제조 서비스업이 차지하는 비중이 비교적 높다. 국제 분업 구조에서 대부분이 산업사슬의 높은 단계에 있으며 특히, 정보화 기술의 응용은 훨씬 더 강한 핵심 경쟁력을 갖도록 작용하고 있다.

셋째는 비교적 양호한 발전 잠재력을 가지고 있다는 점이다. 기존의 제조 강국 혹은 잠재적 제조 강국 또한 양호한 발전 잠재력을 가지고 있다. 강대한 자주적인 창조 능력은 제조업의 자원절약, 친환경, 녹색발전, 지속적인 발전 능력을 보장한다.

(2) 제조 강국의 주요 특징

현재의 제조 강국은 아래와 같은 몇 가지 방면에서 특징을 가지고 있다. 첫째는 웅대한 산업 규모를 가지고 있다. 제조업 발전의 기초로써 산업의 규모가 비교적 크고, 성숙하고 건전한 산업 체계를 가지고 있으며, 세계 제조업에서 차지하는 비중이 상대적으로 크다.

둘째는 최적화된 산업구조이다. 산업 간의 합리적인 결합, 산업간 및 산업사슬간에 밀접한 관계를 가지고 있다. 산업 조직구조가 최적화되어 있으며, 기초산업과 장비 제조업의 수준이 비교적 높으며, 강한 경쟁력을 가진 해외진출 기업을 보유하고 있다.

셋째는 양호한 품질 효율이다. 제조업의 생산기술 수준이 세계 선두권을 유지하고 있고, 생산품의 품질 수준 또한 높다. 노동생산성이 높고, 창조 가치가 높으며 산업 가치 사슬의 높은 단계를 차지하고 있다.

넷째는 지속적인 발전 능력이다. 비교적 강한 자주적인 창조 능력을 보여주고 있으며 지속 가능한 발전을 실현하고, 정보화 수준이 높다.

나. 제조 강국 종합지수 평가결과

중국 '공정원'은 '제조 강국 전략연구'에서 제조 강국의 특징을 반영하여 현재의 능력과 잠재적 발전능력을 고려한 18개 평가항목[35]으로 구성된 '제조 강국 종합지수'라는 평가체계를 마련했다.

2012년 주요 국가의 제조 강국 종합지수를 평가한 결과[36]

- 제1그룹에 미국(156),
- 제2그룹에 일본(121)과 독일(111),
- 제3그룹에 중국(81), 프랑스(64), 영국(62), 인도(60), 한국(57)이 분포하는 것으로 나타났다. 각 그룹 간에는 상당한 격차가 있는 것을 알 수 있으며, 중국이 이미 우리나라보다 앞서 있다고 스스로 평가하고 있는 것을 확인할 수 있다.

---

35) 규모발전, 품질효율과 이익, 구조최적화, 지속발전 등 4개 영역으로 제조업 증가치, 세계유명 브랜드 수, 제조업 노동생산성, 고기술제품 무역경쟁우위지수, 판매이윤율, 연구개발 인원비율, 연구개발 투입 강도 등으로 평가지표를 구성했다.
36) 제조강국전략연구, 중국공신출판집단, 2015.5, p.72

다. 제조 강국 3단계 전략목표

중국 정부는 제조 강국의 꿈을 실현하기 위해 30년에 걸친 3단계 전략(三步走)을 마련했다. 3단계 목표 연도인 2045년은 중국 건국 1백 주년을 5년 앞둔 시기로 늦어도 1백 주년에는 세계 제일의 제조업 강국이 되겠다는 야심찬 계획이다.

- 제1단계(一步走), 2025년까지는 제조업 종합지수가 일본과 독일에 근접한 수준까지 도달한다는 목표이다. 기본적인 공업화를 실현하고, 중국의 제조업이 제조 강국 제2그룹의 행렬에 진입한다는 것이다. 창조 능력, 노동생산성, 정보화와 공업화의 융합, 녹색발전 등의 방면에서 새로운 단계로 진입하고, 국제적인 경쟁력을 갖춘 해외 진출 기업군과 산업군을 형성한다. 세계 산업의 분업 구조와 가치 사슬에서의 지위가 한층 높아질 것으로 전망한다.

- 제2단계(二步走), 2035년 까지는 세계 제조 강국 제2그룹의 선두수준에 진입하고, 명실상부한 제조 강국이 된다는 목표이다. 2035년까지 일본과 독일을 추월하고 앞서 나가겠다는 계획이다.

- 제3단계(三步走), 2045년 또는 건국 1백 주년(2049년)에는 제조업 종합지수가 제2그룹 국가수준 보다 높은 제1그룹에 진입한다는 목표이다. 현재 수준과 비교해서 본다면 미국과 어깨를 나란히 하겠다는 계획이다.

5. '중국 제조 2025 전략'의 주요 목표[37]

중국 제조 2025 전략은 제조 강국 3단계 전략의 1단계로서 2025년까지 중국의 제조업 종합지수를 일본과 독일 수준으로 향상시키겠다는 계획이다. 이러한 목표를 달성하기 위해 제조업의 창조 능력 향상, IT화와 공업화의 융합, 품질 강화와 브랜드 건설, 녹색제조와 생태문명 건설을 추진한다.

가. 제조업 창조 능력 향상[38]

전 세계가 새로운 과학기술 혁명과 산업 변혁을 맞이하고 있어 중국은 경제 발전 방식을 빠르게 전환해서 역사적인 흐름에 합류해야 한다고 평가 한다. 중국 제조업의 창조 발전은 이제까지 없었던 도전에 직면해 있다. 중국 제조업의 창조능력 향상을 위해서 핵심 기술에 대한 연구개발 강화, 설계능력 향상 등을 추진한다.

(1) 핵심 기술 연구개발 강화

핵심 기술의 대외 의존도는 비교적 높고, 자주적인 지식재산권을 가진 기술과 제품은 적어서 제조업의 창조 발전을 제약하고 있다. 일부 산업의 핵심 기술은 외국에 심하게 의존하고 있다. 고급 집적회로와 일반적으로 사용되는 집적회로의 95%는 해외에 의존하고 있으며, 고급 수치제어 계통은 95%, 엔진 등도 수입에 의존하고 있다. 산업 기반 기술, 핵심 기술과 공통성이 있는 기술

---

37) 중국 공업신식화부 발표자료를 인용
38) 중국제조2025 분석 : 국가제조업 창조능력 향상, 공업신식화부, 2015.6.16

의 연구개발은 제조업의 창조 능력 향상을 위해 시급히 향상시켜야 할 부분이다.

중국 제조 2025 전략에서는 '국가 기술창조 시범기업'과 '기업기술센터'를 건설하고, 제조업 중점영역의 '기술창조 로드맵(Road-Map)'을 제정하여 발표한다는 계획이다. 아울러, 국가과학기술계획(기금 등)을 통해 핵심 기술의 연구개발을 지원한다.

(2) 창조 설계 능력 향상

기업 간 또는 산업간 경쟁은 자금력, 산업 규모, 제조 능력에 머물지 않고 창조적인 설계, 신기술, 새로운 비즈니스 모델 간 경쟁으로 변환되었다. 설계는 기술 창조의 첫 단계로 제품설계는 제품 원가의 70%를 결정한다. 선진 국가와 비교할 경우 중국은 설계 이론과 기법이 낙후되어 있으며, 설계 소프트웨어의 대부분을 외국에 의존하고 있어서 제조업의 창조적인 발전을 제약하고 있다.

중국 제조 2025 전략에서는 창조적인 설계 능력 향상을 위해 선진 설계 기술을 대대적으로 보급하여 응용할 계획이다. 전통 제조업, 신흥 산업, 서비스업의 중점영역에서 창조적인 설계 시범사업을 전개한다. 녹색, 지능화, 협동을 주요 특징으로 하는 선진 설계 기술의 응용을 전면적으로 보급한다. IT화 설계, 과정통합설계, 복잡과정 및 시스템 설계 등 공용성이 있는 기술을 획득하고, 중국 제조업에 적합한 설계 소프트웨어를 개발한다. 기업의 연구개발 투자 확대를 장려하고 산업사슬의 상류인 연구개발, 설계 부문을 확장해서 임가공에서 설계를 대신하는 것을 실현시키고, 스스로 창조한 브랜드 제품을 수출하는 것으로 전환한다.

(3) 과학기술 성과의 산업화

중국의 산학연(産學研) 결합은 긴밀하지 않고, 과학기술 성과의 경제성과로의 전환 비율이 낮다. 기업의 원천적이고, 창조적인 과학기술 성과가 많지 않아 창조체계의 효율을 향상시킬 필요가 있다. 과학기술성과 산업화로의 전환 비율은 10%에 이르지 못하며, 일부 중점대학과 과학연구원의 경우에는 과학기술 성과의 산업화 비율이 5%에도 이르지 못한다. 선진 국가는 보통 40~50%에 이르고 있다. 과학기술 성과의 산업화 비율이 낮아 제조업 발전을 크게 제약하고 있다.

중국 제조 2025 전략에서는 과학기술 성과의 산업화를 위해 기술 거래시장을 건전화하여 핵심 기술의 이전과 산업화를 지원하는 서비스 체계를 마련한다. 과학기술 성과의 전환을 위한 장려 제도를 완비하고, 과학기술 성과의 과학적인 평가와 시장가치 평가체계를 마련한다. 국방과학기술 성과의 산업화로의 전환과 민관(民官)기술의 쌍방향 이전을 추진한다.

(4) 제조업 창조체계 건설

제조업 창조체계는 제조업 기술창조의 조직 시스템, 관련된 인터넷을 추진하고, 시스템의 효율적인 운영을 위한 제도와 구조를 보장 하는데 있다. 현재 세계 주요 국가는 적극적으로 국가 제조업 창조체계를 과거와 비교하여 상대적으로 독립적이고 분산된 구조로써 창조 센터, 서비스 플랫폼, 인터넷화된 창조체계 건설을 추진하고 있다.

중국은 제조업 창조 자원의 분산과 체계가 불완전한 문제를 안고 있다. 중국에서는 빠른 시일 내에 창조 센터를 핵심 운반체로, 공공서비스 플랫폼과 데이터 센터를 제조업 창조 인터넷망의 기반으로 건설한다. 제조업 창조 센터 건설을 시작하고, 국가제조업 창조 인터넷망 건설을 추진한다. 중점 업종과 차세대 IT기술, 스마트 제조, 신재료, 생물의약 등의 영역에서 '제조업 창조센터'를 건설한다. 제조업 창조센터는 중점 업종의 기초 및 공통성이 있는 핵심기술의 연구개발, 성과의 산업화, 인재 배양 등의 업무를 수행한다. 2020년 까지 '제조업 창조센터'를 15개, 2025년까지 40개를 건설한다.

(5) 표준체계 강화

기술표준은 공업발전의 중요한 기술기초이다. 산업의 핵심 경쟁력을 향상시키고 종합 국력의 관건이 되는 기반이다. 다양한 방면의 원인으로 인해 현재 제조업분야의 표준체계는 완전하지 못하며, 표준수준 또한 높지 않다. 자주적이며 창조적인 기술의 표준은 결핍되어 있고, 표준의 갱신 또한 제때에 이루어지지 않고 있다. 중국 제조 2025 전략에서는 제조업 표준화 향상 계획을 실시하고, 스마트 제조 등 중점 영역의 종합표준화와 표준체계를 개선한다. 중국 표준의 국제화를 추진하고, 국방장비는 선진국의 민간 표준을 채용하고, 군용기술의 표준을 민간부문에 응용한다.

(6) 지식재산권 운용 강화

현재 지식재산권은 전 세계 과학기술과 산업경쟁 중에서 중요한 무기로서의 지위를 차지하고 있다. 선진 국가와 신흥국가는 지식재산권의 전략적 자산 가치를 중시하고 있다. 끊임없이 특허 구도를 강화하고, 지식재산권의 보호수준과 전략적 운용 능력을 향상시키고 있다. 현재 중국의 지식재산권, 특히 공업영역의 지식재산권은 수량은 비록 많으나 품질은 높지 않으며, 대량의 지식재산권이 휴면상태로 기업의 시장경쟁력을 높이는데 필요한 기능을 발휘하지 못하고 있다.

중국 제조 2025 전략에서는 제조업 중점영역의 핵심기술에 대한 지식재산권 전략을 준비한다. 지식재산권의 종합적인 능력이 우수한 기업군을 양성하고, 지식재산권연맹의 구성을 지원한다. 건전한 지식재산권 평가 기구를 설립하고 특허평가, 구매, 운영과 위험예보와 대응을 실시한다. 지식재산권 종합운영 공공서비스 플랫폼을 설립하고 해외지식재산권 취득 등을 장려한다.

나. IT화와 공업화의 융합[39]
(1) IT화와 공업화의 융합 상황

공업화는 현대화 추진에 있어서 전제이자 기초이다. IT화는 현대화를 이끌어 가고 지탱하는 원동력이다. 따라서 IT화와 공업화를 유기적으로 결합시키는 방법을 통해 최신 IT통신 기술로 전통 산업 개혁을 추진하고 신흥 산업을

---

39) 중국제조2025 분석 : IT화와 공업화의 융합추진, 공업신식화부, 2015.6.16

발전시키고 업그레이드를 추진하는 것은 고품질의 현대 공업화를 실현하는 필요조건이다.

(가) 광대역 중국 전략 추진

중국 정부가 현재 추진 중인 '광대역 중국 전략'에 따라 4세대 이동통신 발전과 3망(방송, 통신, 인터넷) 통합을 전면적으로 추진함으로써 광대역, 융합, 안전과 같은 국가 IT 기초시설 구축에 힘쓰고 있다. 전자통신 산업 시스템 개혁을 진행하고 있으며 특히, 핵심 전자부품, 첨단통신 칩, 소프트 기반 제품과 같은 첨단 중점 기술산업을 육성하는 동시에 '국가집적회로 투자기금'을 설립하여 핵심 집적회로 제조업의 자금 조달의 병목현상을 해결하게 되었다.

(나) 신흥 산업 육성

클라우드 컴퓨팅, 사물인터넷(IoT) 플랫폼과 같은 IT기술의 산업화를 통해 제조 산업에 새로운 시대를 열고 있다. 특히, 공업 클라우드, 인터넷과 공업의 융합, 전자상거래, 제조업의 서비스화와 같은 신흥 산업군을 위한 정책을 마련한다. 개성화된 맞춤제작, 크라우드 소싱(croudsourcing)[40], 인터넷 제조, 전자상거래 등 새로운 제조 방식을 장려하면서 물류창고, 온라인 고객센터와 같은 제조 기업의 서비스화가 발전하게 되었다.

---

40) croud와 sourcing의 합성어로 외부인력이 기업내부인력을 대체하는 현상을 말한다.

(다) 전통 산업의 구조 전환

IT기술을 활용하여 주요 산업의 설계, 생산라인, 물류배송 등의 단계에서 필요한 시스템과 종합 컨트롤센터 구축 등 시범 모델을 구축한다. 에너지 절감과 안전한 생산, 품질 관리 등이 주요 관심 사항인 폭죽, 식품, 희토류, 화학제품과 같은 산업군을 중심으로 스마트화 모델기업을 구축한다. 또한, 중소기업의 IT화와 IT화 서비스 체제를 구축한다.

(2) IT화와 공업화 추진의 주요한 진전

최근 중국의 대기업과 중소기업의 디지털 설계 공구의 보급률이 72%를 넘어섰으며, 일부 핵심 생산과정에서의 수치제어율은 59%, ERP(전사적 자원관리프로그램) 보급률은 62%에 이르렀다. 업계의 연구개발 주기와 재무결산, 재고순환주기, 노동생산성, 제품소모 에너지 양 등의 지표가 대폭 개선되었다. 장비, 석유화학, 자동차, 경공업 등 업계의 생산관리의 과학화, 스마트화 수준이 크게 높아졌다.

사물 인터넷, 클라우드 컴퓨팅, 빅 데이터와 같은 최신 정보통신기술이 공업 분야의 연구개발, 생산, 서비스, 관리 등의 단계에 응용되면서 응용단계의 발전을 가속화 했다. 2013년 중국산 자동화 선반은 국내시장의 62%를 점유하고 있으며, 국내 자동차용 전자제품이 자동차 가격에서 차지하는 비중이 30%를 넘어섰다. 원격 협동설계, 개성화된 맞춤제작, 크라우드 소싱, 크라우드 제조 등 새로운 형태의 연구개발과 생산방식이 출현했다.

또한, 전자 상거래, 인터넷 금융, 서비스형 제조 등 생산형 서비스업의 발전을 가져왔다. 2014년 중국의 전자 상거래액은 12조 위안을 초과했으며, 이는 전년 동기 대비 20% 성장한 것으로 세계 최대의 전자 상거래 시장이 된 것이다. 자체 브랜드의 스마트폰, 스마트 TV와 저가 서버의 국내시장 점유율이 각각 70%, 87%, 50%를 차지한다. 지능형 로봇과 고급 장비 제조업이 폭발적인 성장을 했으며, 전 세계에서 가장 큰 공업용 로봇 시장이 되었다. 고성능 CPU, DRAM의 연구 제조에 성공했으며, 12인치 40나노 집적회로의 대규모 생산을 실현했다. 3G, 4G인터넷과 RFID(Radio Frequency Identification) 등 신기술의 빠른 발전과 M2M(Machine 2 Machine)의 보급을 적극 추진할 예정이다.

(3) IT화와 공업화 추진의 애로사항 및 문제점

중국의 IT화와 공업화의 융합발전이 일정 정도의 진전을 가져 왔으나 여전히 문제점을 안고 있다.

첫째는 발전 수준이 높지 않다는 점이다. IT화와 공업화의 융합 추진은 이제 시작하는 단계이다. 대부분의 기업들이 단일 항목의 소프트웨어를 사용하고 있으며, 종합적인 응용은 어렵고 스마트 장비가 부족하고 조직구조가 경직화되어 있으며, 공정관리의 결함 등의 문제를 가지고 있다.

둘째는 산업의 기초가 약하다. 최신 IT기술은 스마트 제조의 관건이 되는 장비이다. 하지만 현재 중국은 명확한 표준과 지적재산권에 대한 규정이 없다. 중요 부품은 수입에 의존하고 있으며, 종합적인 서비스 능력이 낮고 핵심 기술은 아직도 외국에 의존하고 있다. 뿐만 아니라 기업이 주체가 되는 창조체계가 아직 형성되어 있지 않다.

셋째는 법률체계가 낙후되어 있다. 최신 IT기술의 발전과 응용은 새로운 업태, 새로운 모델과 새로운 산업을 유발한다. 전자 상거래, 데이터 공유, IT보안, 프라이버시, 인터넷 금융 등 새로운 업무들의 건전한 발전을 위해서는 법률 환경의 완비가 필요하다.

넷째는 정부 각 부서 간 협력이 부족한 것이다. 최신 IT기술과 제조업의 융합 발전과정 중에 기술, 제품, 안전, 응용 등의 분야에 협력체제가 구비되어 있지 않다. 정부 구매 정책을 통한 국내 신규 제품, 신규 서비스에 대한 지원이 부족하다. 기술과 자본집약형 산업에 대한 융자 체계가 불완전하고, 재정, 세수, 금융 등 정책도 긴밀한 협력이 필요하다.

(4) IT화와 공업화의 융합을 위한 시책 추진
중국 정부가 발표한 '양화(IT화와 공업화)융합 전문행동계획(2013-2018)'에 따라 스마트 제조가 앞으로 양화 융합의 주된 방향이며, 제조업의 국가 창조체계와 종합표준화 체계를 수립하고 스마트화 생산 체계와 발전 방식을 구축할 예정이다.

(가) 스마트 제조 생산방식 도입
중국은 산업 기초가 양호한 업종, 지역, 기업을 대상으로 스마트 제조 시범

구역을 건설한다. 사물 인터넷, 빅 데이터, 크라우드 컴퓨팅 등을 제조업 영역에 광범하게 응용하여 주요 부품, 시스템의 자주화 능력을 강화하고 스마트 제조 표준화 체계를 마련한다.

(나) 공업 인터넷 발전

사물 인터넷(IoT)을 석유화학, 야금, 식품, 약품, 대형장비, 안전생산 등의 영역에 도입하고, 스마트 검측 능력을 배양한다. 커넥티드 카[41](Connected Car) 발전 정책을 실시하고 커넥티드 카 창조 발전 행동계획을 수립한다.

(다) 새로운 업태와 비즈니스 모델 발전

서비스형 제조 발전에 관한 기본 방향을 제정하고, 온라인 진단, 생애주기관리 등 새로운 업종의 발전을 적극 지원한다. 대기업에는 설계 센터를 설립하도록 장려하고, 국가급 공업 설계 센터를 설립한다. 위험화학품, 응급약품 창고, 농약 등 분야에 스마트 감시 관리 체제를 설립한다. 기업 에너지관리센터와 데이터 컨트롤 센터 건설을 추진한다. 공업 클라우드와 공업 빅 데이터 창조 발전에 관한 기본 방향을 수립하고 응용과 발전을 추진한다.

(라) 양화 융합의 기반 건설

'광대역 2015'계획에 따라 중국 전역을 광대역 도시로 건설하기 위한 TD-LTE 인터넷 건설과 4G 발전을 적극 추진한다. 국가 집적회로 산업의 발전 정

---

41) 정보통신기술과 자동차를 연결시킨 것으로 양방향 인터넷, 모바일 서비스 등이 가능한 자동차

책을 수립하고 집적회로, 기초 소프트웨어, 공업 소프트웨어, 신형 디스플레이, 신형 지능형 단말기, TD-LTE, 태양전지 등 핵심 기술과 제품의 연구개발 및 산업화를 추진한다.

(마) 양화 융합의 정책 환경 조성

양화 융합을 지원하기 위한 재무, 세무, 금융 등의 방면에서 정책과 긴급히 필요로 하는 표준을 제정한다. 인터넷 통신 설비와 공업 설비 간에 상호연결을 추진한다. 스마트 제조를 선도할 인재 계획을 수립하고 학과 체계와 인재 배양 체계를 건설한다. 선진 국가와는 양화 융합 영역에 대한 국제 교류와 합작을 강화한다. 전자 상거래, 정보안전, 인터넷 금융 등에 대한 법규 등을 제정한다.

다. 품질과 브랜드 건설 강화[42]

중국의 제조업 품질 수준은 현저하게 높아지고 있고, 일부 유명 브랜드가 두각을 나타내고 있으며, 품질과 브랜드 경쟁력이 지속적으로 강해지고 있다. 첫째, 제품의 품질 수준이 점진적으로 상승하고 있다. 우주분야, 발전, 궤도교통 등 중대형 장비 분야의 품질 수준은 선진국의 선두 그룹에 진입했다. 철강, 유색금속, 석유화학, 건자재 등 주요제품의 기술표준과 품질은 국제 수준의 궤도에 올랐다. 공정기계, 일반장비의 품질과 신뢰성은 지속적으로 향상되고 있으며 국제 선진 수준과의 격차도 점점 축소되고 있다. 소비재 제품의 품질 또한 향상되고 방직, 가전용품 등은 국제 선진 수준에 도달했다. 이동통신, 기초 소

---

42) 중국제조2025 분석 : 품질 및 브랜드 건설 강화, 공업신식화부, 2015.6.29

프트웨어 등 IT기술 제품의 주요 기능과 성능은 국제 동종 제품의 수준에 근접했다. 국가 감독 기관의 샘플링 검사 결과를 보면, 2011년에서 2014년간 검사 합격률은 87.5%에서 92.3%로 품질 수준이 상승 추세에 있다.

둘째, 품질관리 수준이 명확하게 향상되고 있다. 2013년 조사 결과에 따르면, 일반 설비 기업의 82%와 식품 기업의 68%가 국제 품질 관리 체계의 인증을 획득했다. 기업의 품질 손실률 평균치는 2009년 2.79%에서 2.43%로 하락했다. 공정기계 제품의 평균 무고장 간격시간(MTBF)[43]는 보통 2~3배, 고급 수치제어 선반은 1.6배 이상으로 향상되었다. 6시그마관리 등 선진 품질 관리 기법을 기업이 광범하게 응용하고, 실천하고 있다. 12차 5개년(2011~2015) 기간 동안 2백만 명 이상의 기업 근로자가 품질과 브랜드 배양 교육에 참가했으며, 기업의 품질과 브랜드 관리 수준을 제고하였다.

셋째, 브랜드의 영향력이 지속적으로 증가했다. 국내 소비품 시장에서 독자 브랜드의 점유율이 높아지고 있다. 컬러 TV, 에어컨, 냉장고, 의류 등 제품에서 80% 이상에 도달했다. 비단, 도자기 등 민족문화 특색이 두드러진 제품은 절대적인 시장 우위를 차지하고 있다. 공업 제품 시장에서 주요 제품의 국내 자급률이 부단히 높아지고 있다. 기계와 정밀화 공제품의 자급률은 80%이상에 도달했으며, 에틸렌 자급률은 90%를 초과 했으며, 철강 제품의 대부분 품종은 자급률이 100%에 도달했다. 국제시장에서도 독자 브랜드의 영향력은 끊임

---

43) Mean Time Between Failure, 평균고장간격을 의미하며 부품, 장치, 시스템의 신뢰성을 나타냄

없이 향상되고 있다. 고속철도, 핵발전소 등은 이미 중국산이 국제 브랜드가 되었고, 화웨이(華爲), 중싱(中興), 하이얼(海爾) 등의 독자 브랜드는 이미 명실상부한 국제 브랜드가 되었다. 기업의 브랜드 의식과 브랜드 배양 능력은 끊임없이 강화되고 있다. 4천여 기업이 브랜드 배양 관리 체계를 구축하였다.

이에 대해 중국 경제학자 엽초화(葉楚華)는 '중국은 미국을 어떻게 이기는 가?[44]라는 저서에서 "하이얼과 TCL 또한 글로벌 브랜드라고 할 수 없다"라고 주장한다. "지금까지 많은 미국인들이 하이얼을 독일의 브랜드로 알고 있다. 이 오해 덕에 미국에서 그나마 팔리고 있는 것이다. 만약 미국인들이 하이얼이 중국 브랜드라는 것을 알게 되면 하이얼의 미국 판매량은 나빠질게 분명하다"고 한다.

이러한 성과를 거두었음에도 불구하고 공업 품질과 브랜드 발전에 몇 가지 문제점을 갖고 있다. 첫째, 일부 제품의 품질 수준이 높지 않고 품질 안전성 등의 방면에서 국제 선진 수준과는 여전히 큰 격차가 존재한다.

둘째, 표준 구조가 불합리하고, 부분적으로 기술표준의 수준이 낮고 사용에 적합하지 않다. 일부 영역의 제품 표준, 검사 방법 표준은 신제품의 연구개발 속도를 따라가지 못하고 신기술, 고부가가치 제품의 핵심 기술 표준이 결여되어 있어 품질과 브랜드 경쟁의 수요를 만족시키지 못하고 있다.

---

44) 밸류앤북스, 2011, p.143-144

셋째, 브랜드 건설이 낙후되었다는 점이다. 제조업의 독자 브랜드는 170만 개에 이르고 있으나 시장에서 인정받는 정도는 비교적 낮다. 국제 유명 브랜드와 비교해서 브랜드의 부가가치가 낮고, 경쟁력이 약해서 고객의 찬사와 충성도를 높일 필요가 있다.

넷째, 기업의 주체적인 역할이 불충분하다. 일부 기업의 품질 의식이 미약하고, 품질에 대한 신용이 높지 않고 품질과 브랜드 관리 체계가 강하지 않으며 효율이 높지 않다.

다섯째, 품질 안전 보장 체계가 완전하지 않으며 일부 제품의 품질 검사 능력이 부족하다. 제품의 품질 안전 사고는 수시로 발생하여 소비자의 신뢰에 손해를 끼치고 있다.

중국 제조 2025 전략에서 품질 제어 기술의 향상, 품질 관리 기구의 완비, 품질 관리 기초 구축 등의 품질과 브랜드 건설을 위한 중점 임무를 제시하고 있다.

(1) 선진 품질 관리 기술과 방법의 보급
중점 제품의 표준부합성 인정 플랫폼을 건설하고, 중점 제품의 기술, 안전표준을 전면적으로 선진국 수준에 도달하게 한다. 6시그마, 품질진단, 품질의 지속적 개선 등 선진 생산관리 기법을 보급한다. 품질관리 소조, 현장 개선 등 품질관리 활동을 널리 보급하고, 중소기업의 품질관리를 강화하고 품질안전교육을 전개한다.

(2) 제품의 품질을 빠른 시일에 향상

많은 제품의 품질이 선진국 수준에 도달했지만, 총체적인 수준은 여전히 높지 않고, 국내외의 소비자의 기대와 제조 강국의 지위와 비교해 볼 때 명확한 격차가 있다. 자동차, 수치제어 선반, 공정기계, 농기계, 특수설비 등의 제품은 품질 안정성, 신뢰성이 높지 않고 사용 효율이 낮다. 철강, 유색금속, 화공 등의 제품의 기능 등급, 품질 일치성, 품질 안정성은 향상이 필요하다. 일부 고부가가치, 고기능성 제품은 여전히 수입에 의존하고 있다. 기초 부품과 소비 전자제품 등은 신뢰성이 높지 않고 사용수명이 짧다. 일부 식품, 약품, 아동용품 등과 인체 안전과 관련된 제품은 전체 수명주기 품질 안전 체계가 완전하지 않다.

중국 제조 2025 전략에서는 자동차, 고급 수치제어 선반, 궤도교통장비, 대형 기술장비, 공정기계, 특수설비, 핵심원자재, 기초부품, 전자부품 등 중점업종에 대해서는 품질향상 행동계획을 실시한다. 장기적으로 애로가 있는 품질 향상의 관건이 되는 품질 기술을 극복하고, 신뢰성 설계를 강화하고, 시험과 검증기술의 개발 응용, 선진 가공방법 채용 보급, 지능화 생산 등이다.

'제조 강국 전략연구[45]'에 따르면, 소비자 불만신고 중에서 품질문제가 차지

---

45) 중국공신출판집단, 2015.5, p.172

하는 비중이 2002년 66%(45만 건)에서 2013년 43%(30만 건)로 줄어들고 있어 2025년에는 30%이하로 줄어들 것으로 예측하고 있다.

(3) 품질 관리 감독 체계 정비 및 품질 발전 기초 구축

품질표준 체계, 품질관리 법률체계를 건전화하고, 민생과 안전 등 중점영역 업종의 시장 진입과 퇴출 관리를 강화한다. 소비품의 제품 사고 강제 보고제도를 도입하고, 품질 신용정보 수집과 공표제도를 건전화한다. 품질 블랙 리스트 제도와 품질안전 예보 제도를 도입한다. 국제 선진 수준의 품질, 안전, 위생, 환경보호 및 에너지 절약의 표준을 제정하고 실시한다. 국가 산업계량측정 센터 건설을 강화하고 공업제품 품질제어 및 기술평가 실험실, 제품 품질감독 시험센터를 건설한다는 계획이다.

3.
'중국 제조 2025 전략'의 중점 육성산업

'중국 제조 2025 전략'의 중점 육성산업

1. 로봇산업

❖ 중국 정부의 분석과 대책[46]

중국 제조 2025 전략은 역사적으로나 전략적으로도 새로운 출발점으로, 중국이 제조 강국으로 발돋움하는 전략의 첫 번째 10년 계획이다. 로봇산업은 주로 자동차, 기계, 전자, 화학, 국방산업, 경공업 등에 사용되는 '공업용 로봇'과 의료건강, 가정서비스, 교육오락 등 '서비스형 로봇'으로 분류할 수 있다.

'중국 핵심영역 기술의 혁신방향'에서 중국의 미래 10년 로봇산업의 발전 방향을 다음 두 가지로 규정하고 있다. 첫째는 공업용 로봇에 사용되는 본체와

---

46) 중국제조2025 분석 : 로봇 발전 추진, 공업신식화부, 2015.5.22

핵심 부품의 개발, 공업용 로봇의 산업화와 응용을 적극 추진한다. 둘째는 지능형 로봇의 핵심 기술을 개발하여 산업구조 변화에 적극 대처한다는 것이다.

〔중국은 세계 최대 로봇 소비 시장〕

공업용 로봇은 공업 생산 과정 중 운반, 용접, 조립, 가공, 도장, 청결, 생산 등의 과정에 사용된다. 2014년 전 세계 공업용 로봇 판매량은 역대 최고치를 기록하여 총 22만 5천 대로 전년 동기 대비 27% 증가했다. 증가율이 가장 큰 시장은 아시아 지역에 분포하며 특히, 중국, 한국의 점유율이 가장 높다. 2014년 중국에서의 공업용 로봇 판매량은 5만 6천대로 전년 동기 대비 56% 증가하여 세계 로봇시장 1위로 부상했다. 주요 소비자는 외자기업, 중외합자기업이 주가 되었으나 내자기업, 중소기업으로 확산되고 있다. 제품의 품질요구사항이 높아짐에 따라 많은 기업이 로봇으로 인력을 대체하기 시작했다. 주강삼각주지역(광주, 홍콩, 마카오)의 로봇 사용률은 매년 평균 30%씩 증가하고 있다.

〔제조업의 공업용 로봇 밀도〕

2013년 중국은 로봇의 최대 시장이긴 하나 제조업의 공업용 로봇 밀도는 비교적 낮은 편이다. 2013년 중국의 공업용 로봇 밀도는 근로자 1만 명 당 30대 수준으로 세계 수준의 절반도 안 되는 수치이다. 공업 자동화가 많이 진행된 한국(437대/1만명), 일본(323대/1만명), 독일(282대/1만명)과는 격차가 크다. 이는 중국내 공업용 로봇시장이 커다란 잠재력을 가지고 있다는 반증이기도 하다. 자동차 업종 이외의 일반 제조업에는 대부분 공업용 로봇이 보급되지 않은 상태이다. 중국은 공장자동화의 발전에 따라 공업용 로봇을 일반 제조업으로의 보급을 늘리고, 전자, 금속 제품, 플라스틱, 식품, 건축자재, 항공, 의료장비 등 업종의 자동화율을 높여 나갈 예정이다.

〔서비스 로봇산업〕

서비스 로봇은 전용 서비스 로봇과 가정용 서비스 로봇을 일컫는데, 서비스 로봇은 주로 유지 보수, 수리, 운송, 청소, 경비, 구원, 간호 및 의료, 요양, 재활 등의 분야에 사용된다. 서비스 로봇은 최신 스마트 장비로 미래 성장성은 공업용 로봇보다 더 높다. 서비스 로봇은 최근 5년간 급속도로 발전하고 있다. 국제 로봇 연합회의 통계에 따르면 2013년 세계 전문 서비스 로봇과 개인/가정용 로봇의 판매량은 2만 1천 대, 4백만 대로 시가는 각각 35억 달러와 17억 달러이다. 이는 전년 동기 대비 4%, 28% 성장한 것으로 앞으로 세계 서비스 로봇 시장은 지속적으로 발전할 예정이다. 소형 가정용 보조 로봇은 생산원가를 대폭 줄여 2020년까지 416억 달러의 신흥 시장이 생길 것으로 예상된다. 장애인 도우미 로봇도 초기 단계로 느리지만 앞으로 20년간 빠르게 성장할 것이다.

최근 서비스 로봇 기술의 연구개발은 미국, 일본, 중국, 독일, 한국 등 5개 국가에서 주도적으로 진행했으며, 중국의 서비스 로봇 발전은 공업용 로봇의 발전보다 뒤쳐져 있다. 일본과 미국 등의 국가에 비해 중국은 서비스 로봇에 대한 연구가 비교적 늦게 시작되어 기술력이 절대적으로 떨어지는 상황이다.

발전 추세로 볼 때, 중국의 전문 서비스 로봇이 개인, 가정용 로봇보다 먼저 산업화를 형성할 것으로 보인다. 특히 의료 로봇, 위험 특수환경 순찰탐사 로봇 등의 개발이 먼저 진행될 예정이다. 이는 고령화 사회에 진입한 중국이 의료, 간호, 재활에 관한 수요가 급증하고 생활수준이 향상되면서 개인, 가정용 로봇도 시장 잠재력을 가지고 있다.

〔중국의 로봇산업 발전〕

중국의 로봇산업 발전은 1980년대부터 시작되었다. 당시 중국 과학기술부는 공업용 로봇을 과학기술을 향상시키는 주요 과제로 삼고, 기계공업부는 용접, 도장, 운반 등 공업용 로봇 개발에 주력했다. 이후 오랫동안 시장 수요가 없어서 로봇 연구와 상품화는 실행되지 못했고, 2010년 이후가 되어서야 중국의 로봇 생산이 늘어나기 시작했다.

최근 중국 대부분의 로봇 생산 기업은 시스템 통합 영역과 가공조립 기업이 다수를 차지하며 핵심 기술의 연구개발과 고신뢰성 기초기능 부품, 시스템, 본체 생산 등의 기술 분야는 아직 낙후되어 있다. 특히, 정밀 감속기, 서브 모터, 디스크 드라이버와 같은 핵심 부품은 대부분 수입에 의존하고 있다. 중국 정부는 이러한 분야에 대한 투자를 늘리고 있으나, 시장 규모와 산업화 정도가 높지 않아 핵심 부품의 발전을 유발하지 못하고 이상적인 효과를 얻지 못하고 있다.

중국의 로봇 기술력 부족은 산업화 규모를 제약하고, 규모가 작은 것은 기술 발전을 제약하고 있다. 중국산 로봇의 시장경쟁력을 높이기 위해서는 로봇의 생산량을 늘려야할 뿐만 아니라 생산능률을 높여야 한다. 또한 핵심 부품의 국산화를 적극 추진하고, 핵심 부품의 생산능력을 향상시켜야 한다.

최근 2년간 중국 정부가 스마트 제조와 로봇을 중요시함에 따라, 공업신식화부, 발전개혁위원회, 과학기술부와 같은 부처에서 로봇산업 발전에 필요한 설계, 세무, 금융, 인재 양성 등의 방면에서 지원을 적극적으로 진행하고 있다.

〔차세대 로봇 연구개발〕

로봇기술이 발전함에 따라 기능에 따라서 일반로봇과 지능로봇으로 구분된다. 일반로봇은 프로그래밍 능력과 조작기능만 있는 로봇이며, 중국에서 생산한 대부분의 로봇이 일반로봇이다. 지능로봇은 구체적으로 정의된 바는 없으나 대부분의 전문가들이 일반로봇의 기능 이외에 아래와 같은 기능을 함께 가지고 있는 것을 말한다. 첫째는 불확실한 작업에 적응하는 능력, 둘째는 복잡한 대상에 대한 기민한 작업능력, 셋째는 사람과 긴밀한 협력을 할 수 있는 능력, 넷째는 인간과 교류할 수 있는 능력, 다섯째는 인간과 로봇이 협동작업을 할 경우 안전성 보장 능력이다. 따라서 공업용 로봇이든 서비스 로봇이든 최종적으로 지능형 로봇으로 발전할 전망이다.

지능형 로봇을 차세대 로봇이라고 부르며, 3D 시각감지/인지, 힘 감지센서 등 기술발전에 따라 공업 인터넷, 클라우드 컴퓨팅, 빅 데이터와 같은 최신 IT 기술과 결합하여 차세대 로봇의 지능화 수준은 대폭 향상될 것이다. 따라서 복잡한 작업도 로봇과 사람이 함께 수행하는 새로운 시대가 열릴 예정이다.

경제 강국들은 국제시장에서 점유율을 높이고 제조업의 경쟁력을 높이기 위해 앞다투어 발전계획을 수립하고 로봇 생산 기술면에서 선제적으로 기회를 잡기 위한 노력을 진행하고 있다. 독일 정부는 공업 4.0전략을 실시하여 스마트 공장 구축과 스마트 생산을 실행하는 것을 중요한 과제로 삼고 있다. 미국은 2013년 '미국 로봇 발전 로드맵'을 발표하였다. 사람과 같은 기민한 조작, 공급사슬체계, 자체유도, 비구조화된 환경감지, 로봇과 인간이 함께 일하는 본질적인 안전성 등 핵심 기술 획득에 중점을 두고 있다. 일본은 2015년 초에 '일본 로봇신전략'을 통해 앞으로 5년 계획기간 중에 차세대 로봇의 연구개발을 통해 데이터 단말장치, 인터넷화, 클라우드 컴퓨팅 기술 등을 실현할 것을 발표하였다. 한국 정부도 2012년 '로봇 미래전략 전망 2022'를 발표하여 한국기업의 국제시장 진입을 적극 지원하며 지능로봇의 산업화를 적극 추진할 예정이다.

중국은 아직 차세대 공업용 로봇시장이 성숙되지 않았으나, 전략차원에서 연구개발은 진행 중이다. 과학연구소와 기업이 각자 우위를 발휘하도록 장려하여 중국 실정에 맞는 차세대 공업용 로봇의 연구개발을 진행할 예정이다.

❖ 중국과 로봇강국과의 경쟁력 비교[47]

독일, 일본, 미국은 공업용 로봇의 강국으로 인정받고 있다. 생산 및 응용기술 방면에서 선도적이며, 기술창조 능력이 강하다. 일본은 공업용 로봇과 가정용 로봇 분야에서 우위가 명확하고, 독일은 공업용 로봇과 의료용 로봇 분야에

---

47) 제조강국 전략연구, 중국공신출판집단, 2015.5, p.417

서 우위가 있으며, 미국은 시스템 집적 영역과 의료용 로봇, 군사용 로봇 분야에 우위가 있다.

미국, 일본, 유럽 등 선진 국가와 비교할 경우 중국의 공업용 로봇산업은 산업 형성기에 처해 있다. 중국은 핵심 기술의 장악 정도가 비교적 낮고, 설계, 핵심 부품, 제어 기술, 응용기술 등에 대한 독자적인 지식재산권이 결핍되어 있다. 산업발전을 실현하기 위해서는 기초이론, 지식재산권, 핵심 기술, 핵심 부품, 응용 기술, 시장 보급 등 다양한 방면에서의 발전목표와 발전계획을 수립해야 한다. 중국은 2030년에 공업용 로봇 강국의 행렬에 진입할 것으로 예측된다.

❖ 중국 로봇기업 1천여 개, 핵심 기술은 외자기업 수중[48]

중국내 로봇산업이 빠르게 발전하고 있지만, 실제상 외자기업이 여전히 핵심 부품과 로봇 본체를 독점하고 있다. 국내 1천여 개가 넘는 로봇기업은 외국기업의 로봇 본체를 구매한 다음 시스템 통합과 업종에 따라 응용을 한다. 감속기, 서브 모터, 제어시스템의 3대 핵심 부품이 로봇 원가의 70%를 구성한다. 감속기는 국내에서 고정밀 감속기를 생산할 방법이 없고, 가격 또한 우위성이 없다. 서브 모터는 7~8년 정도 뒤처져 있으며, 8~10개 기업이 스스로 연구개발해서 제어 시스템과 본체 통합능력을 갖추고 있으나 국산 모터가 외국산에 비해 가격 우위가 없으며, 성능 격차가 크다. 현재 국산 로봇 본체와 로봇의 핵심 부품은 초기 단계로 국내 독점기업은 출현하지 않고 있다.

---

48) 중국 제일재경일보, 2015.7

❖ 중국 로봇시장 판매 주요 기업[49]

• FANUC(일본) : 1956년 설립. 세계에서 가장 다양한 로봇과 지능화기계 공장을 갖추고 있으며, 2008년 세계에서 처음으로 20만대의 로봇을 생산 하였다. 1997년 상해에 공장을 설립한 이후 광주, 심천, 천진, 우한, 대 련, 태원 등에 지사 설립하여 운영하고 있다.

• 安川電機(일본) : 1999년 상해 법인등록. 로봇, 서브 모터, 제어기 등 생 산. 용접, 운반, 포장, 도장 등의 로봇을 생산하고 있다.

• KUKA(독일) : 1898년 설립. 1973년 세계 최초로 로봇 FAMULUS를 개 발. 세계 20여개 지사를 운영하고 있다.

• ABB로봇유한공사(스위스) : 글로벌 500대 기업으로 전력 및 자동화기술 영역의 선두기업이다. 1992 샤먼에서 합자회사 설립후 본부를 북경으로 이 전. 로봇은 자동차, 식품, 음료, 의약, 사료 가공 등의 영역에 활용되고 있다.

• OTC(일본) : 용접로봇 분야의 선두기업으로 자동차, 조선, 교량, 건축 강 구조물에 사용되고 있다. 청도, 목단강에 생산공장, 상해에 판매법인을 운 영하고 있다.

---

49) 중국 로봇망(www.robot-china.com)

- Panasonic(일본) : 1994년 중국 당산에 공장을 설립하였으며, 아크용접기, 전기저항 용접기 등을 생산하고 있다. 2005년 로봇 사업을 개시하여 용접로봇을 생산하고 있다.

- 심양新松로봇(중국) : 중국 로봇산업의 선두기업으로 평가된다.

❖ 미래 시장 전망

트렌즈(Trends[50])지 특별취재팀이 지은 '10년 후 시장의 미래[51]'에 따르면 앞으로 10년 안에 우리 주위에서 로봇을 PC나 스마트 폰처럼 흔히 볼 수 있을 것이라고 예측하고 있다. 10년 뒤에는 구글과 아마존, 애플 등 미국 기업이 로봇시장에서 패권을 잡을 것이며, 로봇산업의 주도권은 일본에서 미국으로 완전히 넘어갈 것으로 전망하고 있다. 구글과 아마존, 애플 등이 로봇산업에 투자를 늘리고 있다. 구글은 빅독(Big Dog)으로 유명한 보스톤 다이나믹스(Boston Dynamics)를 비롯한 일본의 샤프트 등을 인수했으며, 아마존은 2012년에 키바 시스템즈(KIVA Systems)를 인수해 물류센터용 집단 이동로봇 시스템을 생산 및 판매하고 있다. 아마존을 비롯해 미국 기업들이 보유한 물류센터에서는 25만대의 로봇들이 활용되고 있다고 한다.

---

50) 전 세계 2만여 명의 전문가들이 매월 6~8개의 사회, 경제, 산업기술관련 자료를 공유해서 집단지성을 활용한 지식보고서이다.
51) 권춘오 옮김, 일상이상, 2014.5, p.173, p.178

2. 집적회로(반도체) 산업

❖ 중국 정부의 분석과 대책[52]

중국의 IT기술 산업 규모는 다년간 세계 1위를 차지했다. 2014년 산업 규모는 14억 위안으로 핸드폰은 16억 3천만 대, 컴퓨터는 3억 5천만 대, 컬러TV는 1억 4천만 대를 생산했으며, 이는 전 세계 생산량의 50%를 초과한다. 하지만 대체로 본체 생산이 주를 이루고 있어 집적회로와 핵심부 분의 소프트웨어의 자체 생산력이 현저히 떨어지며, IT제조업의 평균 이윤율은 4.9%로 제조업 평균수준 보다 1% 낮다.

현재 중국의 집적회로 산업은 발전이 미약하여 중국 경제와 사회발전, 국가 정보안전과 국방안보 건설을 뒷받침할 수 없다. 2014년 중국의 집적회로 수입액은 2,176억 달러로 다년간 석유와 나란히 주요 수입품목의 하나가 되었다.

〔중국의 집적회로 산업의 발전 현황〕

2000년 국무원이 '소프트웨어 산업과 집적회로 산업 발전에 관한 우대정책 통지'를 발표한 이래 중국 집적회로 시장과 산업 규모는 빠르게 성장했다. 시장 규모면에서 2014년 집적회로 시장 규모는 1조 393억 위안으로 전년 동기 대비 13.4% 증가하여 전 세계 시장의 50%를 차지했다. 산업 규모면에서 2014년 집적회로 산업 판매액은 3,015억 위안으로 2001~2014년 연평균 성

---

52) 중국제조2025 분석 : 집적회로 및 전용장비 발전 추진, 공업신식화부, 2015.6.18

장률이 23.8%가 넘는다.

  기술력 또한 현저한 성장을 했다. 시스템반도체(SoC[53])설계 기술력이 국제
수준과의 격차를 점점 줄여가고 있다. 12인치 생산라인 7개를 가동하고 있으
며 중국 기업 기술력으로 32나노미터, 28나노미터 시범생산을 시작했다. 국제
경쟁력을 갖춘 기업체들이 출현하기 시작했으며, 2014년 Hisilicon(海思半導
体)은 세계 반도체 설계기업 10위에 올랐으며, IC insight에 따르면 세계 50
대 설계 기업 중에 중국의 9개 기업이 선정되었다. 中芯國際(SMIC)는 세계 5
대 반도체 제조업체 중 하나로 선정되었다.

〔산업 발전을 제약하는 문제들〕

  집적회로 산업 발전을 제약하는 문제점으로는 첫째, 산업 개혁의 경험 부족,
인재 부족, 기술력 부족과 대부분이 소규모 기업체로 구성되어 있다는 것이 문
제이다. 중국의 500개의 집적회로 설계 기업의 수입은 미국 Qualcomm사 수
입의 60~70% 수준에 불과하며, 중국 전체 업종의 연구개발 투입 금액은 인텔
(intel)의 투자액보다 더 적은 상황이다. 산업의 핵심적인 특허가 적으며, 지식
재산권 분야에 문제가 두드러진다. 둘째, 반도체 설계 기술력이 변화가 빠른
시장에 적응하지 못하고 있다. 셋째, 반도체, 소프트웨어, 본체, 시스템, IT서
비스 등 산업사슬의 협력이 제대로 이루어지지 않고 있다. 반도체 기업의 첨단
제품은 대부분 해외 유명 기업이 생산한 것으로, 이러한 해외 기업과 중국 국

---

53) 시스템반도체(System on Chip)로 여러 기능을 가진 시스템을 칩 하나에 담은 비메모리 반도체

내업체와의 협력이 이루어지지 않았다. 따라서 제조 기업의 양산 기술이 선진 기업에 비해 현저히 낮은 수준이며, 핵심 설비와 자재는 대부분 수입에 의존하고 있다.

〔집적회로 산업에서 맞이한 기회와 도전 〕

집적회로 산업은 심층 조정을 필요로 하는 변혁의 시기에 진입했는데 이는 중국 기업에 도전인 동시에 기회이다. 외부 도전 측면에서 볼 때, 기술력 향상에 따라 핵심 분야의 통제 능력을 향상시킴으로써 일부영역에서 2~3개 업체가 독점하는 현상이 나타났다. 발전기회 측면에서 볼 때, 스마트폰 시장이 폭발적인 성장을 하면서 집적회로 산업의 발전에 큰 동력이 되었다. 산업구조 측면에서 클라우드 컴퓨팅, 사물 인터넷(IoT), 빅 데이터와 같은 신흥 산업 형태가 나타나면서 변화가 필요한 시점이 되었다. 기존 제조 기술이 물리적인 한계에 부딪히면서 새로운 구조, 신재료, 새로운 부품으로 생산을 위한 부단한 기술력 향상을 요하게 되었다. 뿐만 아니라 IT소비 시장의 발전에 따라 4G인터넷과 같은 기초시설 건설에 박차를 가하면서 중국은 세계에서 가장 크고 성장이 가장 빠른 집적회로 시장으로 지속적인 활력을 유지하고 있다. 2015년 예상 시장 규모는 1조 2천억 위안이며, 이는 중국의 집적회로 산업이 글로벌 기업을 따라잡는 관건이 되는 한해가 될 것이다.

〔중국의 국가정책〕

집적회로 산업 발전을 촉진하기 위해 2014년 6월 중국 국무원은 '국가 집적회로 산업 발전추진관련 개요'를 발표했다. 세부내용을 살펴보면 아래와 같다.

① 발전목표

2020년까지 중국의 집적회로 산업의 선진국과의 격차를 축소시킨다. 전 업계의 판매수입의 연평균 증가속도는 20%를 초과하게 될 것이고, 기업의 지속가능 발전능력은 강해질 것으로 전망하고 있다. 스마트폰, 인터넷 통신, 클라우드 컴퓨팅, 사물 인터넷, 빅 데이터 등 중점영역의 집적회로 설계 기술은 글로벌 기업의 수준에 도달하며, 16/14나노미터(nm) 제조 기술을 실현하여 양산한다.

2030년까지 집적회로 산업사슬의 주요 부분은 국제 선진 수준에 도달하며, 일부 기업은 국제 선두 그룹에 진입한다.

한편, '제조 강국 전략연구[54]'에 따르면 2020년까지 중국산 집적회로가 시장수요의 50%를 만족시키고, 2030년까지 70%를 초과할 것으로 예상한다. 2030년 까지 중국산 집적회로 제조 장비의 시장점유율을 30% 이상으로 높이고, 중국산 재료의 시장점유율을 50% 이상으로 높여 제조 강국을 실현하겠다는 목표이다.

② 중점 추진과제
• 집적회로 설계업의 발전에 중점
집적회로 설계, 소프트웨어 개발, 시스템 통합, 서비스 협동형 창조를 강화한다. 최근 스마트폰과 인터넷 통신 영역에서 스마트폰용 집적회로, 디지털TV 집적회로, 인터넷 통신 집적회로 등에서 개발이 많이 이루어지고

54) 중국공신출판집단, 2015.5, p.507

있으며 IT산업의 경쟁력이 향상되었다. 클라우드 컴퓨팅, 사물 인터넷, 빅데이터 등 신흥 영역 핵심 기술 연구개발, 새로운 업태, IT화를 통한 새로운 응용, 센서, 신형 저장장치 등의 핵심 집적회로 개발로 미래 산업 발전의 고지를 차지한다. 스마트 카, 스마트 그리드, 스마트 교통, 위성항법, 산업통제, 금융, 자동차, 의료분야 등의 핵심 집적회로와 내장형 소프트웨어 부문을 점진적으로 발전시킨다.

- 집적회로 제조업 발전을 가속화

  45/40nm 집적회로[55] 생산능력을 빠르게 확충하고, 32/28nm 집적회로 생산시설을 건설하여 규모의 생산능력을 신속하게 형성한다. 입체적인 개발을 통해 22/20nm, 16/14nm 집적회로 생산시설을 빠르게 건설한다. 시뮬레이션, 미세전자기계시스템(MEMS)[56], 무선주파수(RF)회로 등 특색 있는 전용생산시설을 강력하게 발전시킨다.

- 패키징 및 테스트 기업의 수준을 선진국 수준으로 향상

  중국내 패키징 및 테스트 기업의 구조조정을 강력하게 추진하여 산업 집중도를 높인다. 집적회로 설계와 제조업의 진화발전 요구에 적응하고, CSP(Chip Size Package)[57], WLP(Wafer Level Package)[58],

---

55) 삼성의 D램은 20나노(nm) 중반, 낸드플래시는 10나노(nm) 후반대 공정기술 보유
56) Micro Electric Mechanical System; 각종 기계 및 전자기기를 소형화하기 위해 반도체와 기계기술을 융합해 제작한 마이크로미터 단위의 초소형시스템으로 독일의 보쉬(Bosch)가 개발했다.
57) 반도체부품의 실장 면적을 가능한 칩 크기로 소형화 하려는 기술
58) 새로운 개념의 패키징 기술, 실리콘 웨이퍼에 구멍을 내고 LED칩을 넣어 패키징하는 기술

TSV(Through Silicon Via)[59], 3차원 패키징 등 선진 패키징과 테스트기술의 연구개발과 산업화를 추진한다.

• 집적회로 핵심 장비와 재료의 개발

집적회로 장비, 재료, 기술의 결합을 강화하고, 집적회로 제조 기업과 장비, 재료 기업 간 협력을 강화하고 산업화 과정을 빠르게 진행한다.

③ 실행계획

• '국가 집적회로 산업 발전 영도 소조'를 구성하여 집적회로 산업 발전과 관련된 정책을 조정하고, 자원의 배분, 중요 문제의 해결 등을 추진하다.

• 대형기업, 금융기관, 사회자금으로 '국가 집적회로 산업 투자기금'을 설립하고 집적회로 제조업, 장비 기업, 재료 기업 등에 중점 지원한다. 또한, 지방의 집적회 로산업 투자기금 설립을 지원한다.

• 중국수출입은행, 국가개발은행, 상업은행은 집적회로산업에 대한 대출을 강화한다.

• 집적회로 패키징, 테스트, 전용재료 및 설비기업의 소득세 우대정책을 실시한다. 집적회로 기업의 합병 등 구조조정에 대한 기업소득세, 증치세(우

---

59) 칩에 미세한 구멍을 뚫어 상단 칩과 하단 칩을 전극으로 연결하는 패키징 기술

리나라의 부가가치세), 영업세 등 세수우대 정책을 완비한다. 집적회로의 주요 장비, 핵심 부품, 원재료와 국내 생산이 불가능한 핵심 설비, 부품, 원재료는 계속해서 면세 정책을 실시한다.

• 극소형전자공학과의 발전을 지원하고, 극소형전자공학원과 직업훈련기구를 설립하고, 국가 소프트웨어 및 집적회로 인재의 국제 훈련 기지를 건설한다. '천인계획'중에 집적회로 영역의 우수 인재의 영입과 지원을 강화한다. 집적회로 기업과 해외 연구개발 기구 간의 협력을 강화한다.
• 국외자금, 기술과 인재의 유입을 확대하고 국제 집적회로 기업의 국내 연구개발, 생산 및 운영센터 건설을 장려한다. 국내 집적회로 기업의 국제합작, 국제시장 개척을 장려한다. 또한 중국과 대만의 집적회로 기업 간의 기술 및 산업 합작을 장려한다.

❖ 반도체 야심 드러낸 중국, 세계 기술 빨아들여[60]
전자신문은 중국전자산업 발전연구원의 자료를 인용하여 2013년 반도체 제조사별 중국시장 점유율은 인텔(13.8%), 삼성(7.6%), SK하이닉스(4.0%), 도시바(3.3%) 순이라고 보도했다. 중국이 D램과 낸드 플래시 등 메모리를 제외한 비메모리 분야 팹리스[61] 부분에서 세계 3위 시장 규모를 형성했으며, 2014년 중국은 9%의 점유율을 기록한 반면에 한국은 1%에 그쳤다고 보도

---

60) 전자신문, 2015.5.21
61) 반도체 칩을 구성하는 하드웨어 소자의 설계와 판매를 전문화한 회사, 반면에 반도체 파운드리 또는 팹은 전문화된 반도체 제조사를 말함

했다. 중국의 팹리스 기업은 1990년 15개에서 2013년 583개로 크게 늘어났으며, 2014년 중국 상위 10개 팹리스 기업이 2013년 현지 팹리스 기업 매출의 43%(560억 달러)를 차지할 정도로 성장했다. 2014년 세계 50위 팹리스 기업에 중국의 Hisilicon(海思半導体), 스프레드 트럼, 다탕, 나리 스마트칩, CIDC, 록칩, RDA, 올위너 등 9개 기업이 포함되었다.

파운드리도 시스템 반도체와 함께 성장했다. 파운드리 기업 中芯國際(SMIC)는 전체 매출의 45% 정도를 내수에서 거두며, 기술 격차를 빠르게 좁히고 있다. 중국 정부는 D램 제조 산업을 육성하기 위해 북경, 상해, 우한 등 6개 지방 정부를 대상으로 D램 팹 설립을 추진하고 있다. 최근 중국은 메모리와 비메모리를 구분하지 않고 세계 최고 수준의 기술을 확보하는 데 투자를 아끼지 않는 모습이라고 보도 했다.

❖ 2014년 집적회로 산업 발전 상황[62]

〔세계 집적회로 산업 발전 상황〕

세계 반도체 무역통계(WSTS)에 따르면, 2014년 전 세계 반도체 시장규모는 3,331억 달러로 전년 대비 9% 증가 했다. 최근 4년간 증가 속도가 가장 빠르며, 업계의 집중도가 나날이 높아지고 있다.

산업사슬 구조로 볼 때 반도체 제조업, IC설계업, 패키징 및 테스트업이 전

---

62) 집적회로산업 발전백서 발표, 중국전자신문, IT전자산업망, 2015.4.24

세계 반도체산업 영업수입의 50%, 27%, 23%를 차지하고 있다. 제품구조로 볼 때는 아날로그 집적회로[63], 프로세서 칩, 논리집적회로와 메모리로 구분할 수 있으며 2014년 판매액은 각각 442억 달러(16.1%), 622억 달러(22.6%), 859억 달러(32.6%), 786억 달러(28.6%)이다.

〔중국의 집적회로 산업 발전 상황〕

2014년 중국의 집적회로 산업 판매수입은 3,015억 위안으로 전년 대비 20.2% 증가했다. 설계업 증가 속도가 가장 빠르며 판매수입은 1,047억 위안으로 전년 대비 29.5% 성장, 집적회로 제조업의 판매수입은 712억 위안으로 전년 대비 18.5% 성장했으며, 패키징 및 테스트업은 1,256억 위안으로 전년 대비 14.3% 성장 했다. 시장구조로 볼 때, 통신 및 소비가전 분야가 집적회로의 가장 중요한 소비시장으로 전체시장의 48.9%를 차지한다. 그중에서 인터넷 통신 영역이 2014년 중국 집적회로 시장 성장의 주요 동력이 되었다. 전 세계 컴퓨터 생산 및 판매가 감소함에 다라 중국의 컴퓨터 산업의 집적회로 시장 판매액은 전년 대비 13.3% 감소했다.

〔집적회로 산업의 3대 진전 사항〕

첫째는, 14nm FinFET[64] 공정을 적용한 집적회로가 시장에 진입했다. 14nm공정은 집적회로 제조공정의 전환점이 되었다. 둘째는, 3D-NAND메모리 기술이 상용화 되었다는 점이다. 2014년 10월 삼성이 3D V-NAND기술을

---

63) 아날로그 양을 증폭하거나 제어하는 전자회로를 집적한 소자
64) FinFET(Fin Field Effect Transistor)이란 평면형 트랜지스터를 대체할 차세대 입체형 트랜지스터

적용한 SSD 양산을 선포했다. 3D V-NAND기술의 우위점은 집적회로의 저장밀도와 쓰기 속도를 높이고 전력 소모를 줄이는 것이다. 2014년 12월까지 전 세계 4개 메모리기업이 3D-NAND 발전 로드맵을 발표했다. 총체적으로 볼 때 2016년에는 전통적인 NAND 기술을 대체할 가능성이 있다. 셋째는, 웨어러블(Wearable)시장이 무선충전기술을 성숙하게 촉진했다.

❖ 2015년 중국 집적회로 산업 발전 10대 추세[65]

• 추세 1 : 중국의 집적회로 시장이 세계 시장 성장을 견인

중국의 집적회로 시장은 1조 2천억 위안 규모로 전 세계 시장의 절반을 넘었으며 전년대비 10% 성장하여 세계 성장률 3%를 초과했다. 전 세계 집적회로 시장 성장의 기관차 역할을 하고 있다.

• 추세 2 : 중국 집적회로 기업이 세계 선두그룹에 진입

중국의 Hisilicon(海思半導体)은 2012년에 시작해서 중국 최대의 팹리스(Fabless)이며, 2015년에는 세계 팹리스 10대 기업에 진입할 가능성이 있다. 中芯國際(SMIC)가 세계 4대 반도체 패키징 및 테스트 기업인 싱가폴의 星科金朋을 순조롭게 합병할 경우 패키징 산업의 5대 기업에 진입할 것이다.

---

65) 2015년 중국 집적회로산업 발전 10대 추세, 중국 공업신식화부 **赛迪**연구원 발표, 2015.1.20

• 추세 3 : 산업기금이 집적회로 산업의 투자 붐 조성

국가 집적회로 산업기금의 1기 규모는 이미 1,387억 위안(한화 25조원 상당)으로 187억 위안을 초과 모집했다. 기금은 집적회로 제조업, 설계, 패키징 및 테스트, 설비, 재료 등 산업에 투자한다. 국가집적회로 산업 투자 기금이 앞으로 10년 동안 집적회로 산업 영역에 5조 위안(한화 900조원 상당)의 자금 투입을 촉진할 것이다.

• 추세 4 : 12인치 집적회로 생산라인 중점 투자

2014년 중국의 12인치 웨이퍼공장은 전 세계 생산능력의 7%를 차지했다. 주요 생산시설은 10개이며, 그중에서 4개는 외국인 투자기업이다. 하이닉스반도체(우석), 인텔(대련), 삼성(서안)이다. 국내 中芯國際(SMIC) 등이 공장을 신설하여 생산능력을 확충하고 있다.

• 추세 5 : 12인치 웨이퍼의 중국 제조(Made in China)를 실현

12인치 웨이퍼는 현재 반도체 재료의 선진 수준이며, 외국기업이 독점했다. 국내시장의 12인치 웨이퍼는 대부분 수입한 것이다. 12인치 웨이퍼에 대한 국내 수요가 폭발적으로 성장함에 따라 글로벌기업의 국내 대규모 공장건설을 통해, 2015년에는 전 세계 웨이퍼 생산의 60%를 차지할 것이다.

• 추세 6 : 중국의 집적회로 제조공정이 국제 수준으로 상승 전망

현재 국제 선진제조공정은 28nm공정으로 시장가치의 40%를 차지하고 있다. 中芯國際(SMIC)는 28nm 제조공정에 3년간 연구개발을 했으며, 상

당한 기술을 축적했다. 2014년 7월 퀄컴(Qualcomm)과 中芯國際(SMIC) 간의 합작으로 12월에 28nm공정으로 퀄컴의 Snapdragon 410 프로세서 제조에 성공했다고 선포했다. 2015년에는 28nm공정으로 中芯國際(SMIC)가 대량생산할 것이다.

• 추세 7 : 4G "중국 칩"이 중요한 돌파구

2014년은 중국의 4G 원년이며, 하반기에 4G 휴대폰 시장이 폭발적으로 성장했다. 중국의 1년간 4G 휴대폰의 출하량이 1억 대에 근접했다. 이러한 성장에 따라 Hisilicon(海思半導体), 联芯, 展迅 등이 4G 칩을 생산, 공급하였으며 2015년에는 4G 휴대폰의 20%에 이를 것이다.

• 추세 8 : 집적회로 국산화가 다양한 영역에서 진행

2014년 국산 집적회로가 다양한 업종에서 응용되었다. 고속철도영역에서 자동제어 및 출력변환의 핵심 집적회로인 IGBT[66] 집적회로의 국산화를 실현했다. 은행카드 영역에서 대당전자(大唐微电子)가 은행카드 집적회로를 농업은행 등에 시험하고 있다. 4G영역에서는 Hisilicon(海思半導体), 联芯 등이 시장에 진입할 것이다. 2015년에는 집적회로의 국산화를 국가에서 중점 지원함에 따라, 국내기업의 기술 진보와 더 많은 업종에서 국산 집적회로의 점유율을 높여 갈 것이다.

---

66) Insulated Gate Bipolar mode Transistor, 스위칭소자

• 추세 9 : 스마트폰과 자동차 전자가 집적회로 시장의 동력

클라우드 컴퓨팅, 빅 데이터 기술의 진보가 사물 인터넷, 모바일의 개선과 사용자 체험을 촉진할 것이다. 스마트 도시의 각종 항목이 실현되면서 에너지 관리, 도시안전, 원격진료, 스마트 홈(Smart Home), 스마트 교통 등 응용영역에 집적회로 수요가 지속적으로 증가될 것이다. 스마트폰, 웨어러블기기, 스마트 가전은 소형 집적회로의 수요를 늘리고, 자동차 분야 전자는 10%이상의 복합 성장을 할 것이다.

• 추세 10 : 집적회로 업종의 특허 쟁탈이 격렬해 질 전망

대부분의 중국 반도체 제조업체는 특허와 축적된 기술이 부족하다. 특허의 부족이 국산 휴대폰의 해외시장 확장을 심각하게 저해하듯이 앞으로 집적회로의 특허 쟁탈도 점점 격렬해 질 것이다.

3. 친환경 자동차

❖ 중국 정부의 분석과 대책[67]

중국 제조 2025 전략에서는 신에너지, 친환경 자동차를 중점 발전영역으로 제안했고, 전기 자동차와 연료전지 자동차의 발전을 지속적으로 지원하여 저탄소화, 정보화, 지능화의 핵심 기술을 주도한다. 동력전지, 구동발전기, 고효

---

67) 중국제조2025 분석 : 에너지 절약 및 친환경 자동차 발전 추진, 공업신식화부, 2015.5.22

율 내연기관, 선진화된 변속기, 경량화 재료, 스마트 제어 등 핵심기술의 공정화와 산업화 능력을 향상시킨다. 핵심 부품에서부터 완성 차까지 공업체계와 창조체계를 형성하며, 독자 브랜드의 친환경 차량을 국제 선진 수준으로 향상시키는 발전전략이다.

〔자동차 산업은 제조 강국 전략의 필연적 선택〕

자동차 산업은 국민경제에서 중요한 지위를 차지하고 있으며, 경제성장에도 중요한 공헌을 하는 국가의 전략적 산업이다. 자동차로 대표되는 제2차 공업혁명은 100여 년간 지속되고 있으며, 유럽, 미국, 일본 등 제조 강국은 하나같이 자동차 강국이다. 자동차 산업은 제3차 공업혁명과 관련된 디지털화, 인터넷화, 지능화와 새로운 에너지, 신재료, 신장비 등 기술 창조의 전면에 있으며, 대규모 플랫폼으로서 이로 인해 공업혁명과 공업화 수준을 대표하는 산업이다. 중국의 자동차공업 부가가치의 GDP비중은 단지 1.5%로 자동차 강국의 4% 수준과는 비교적 큰 격차가 있다. 그 원인은 중국은 산업사슬의 하단부에 위치하고 있으며 창조가 아니라 제조를 하기 때문이다.

〔자동차 산업이 직면한 주요 문제와 제약 요인〕

① 핵심 기술 부족, 자주적인 창조 능력 미약

중국의 주요 자동차 회사는 승용차 플랫폼 기술, 엔진시스템, 신에너지 전지 등 영역의 핵심 기술을 갖고 있지 못하며, 공업체계와 능력이 완전히 형성되지 않았다.

② 공통된 기술에 대한 기초연구 및 창조체계가 부족

중국은 이제 초보 단계의 산학연관(産學研官) 창조 체계를 마련하였다. 다만, 산업조직 구조, 기업규모, 관리방식 등 다양한 요소의 제약이 있고 기초공통기술에 대한 연구가 미약하다. 그밖에 업종, 영역, 기술을 초월한 협조 체계가 없는 상태이다.

③ 기술수준 및 연구개발 능력 부족은 전략적 신흥 산업 발전을 제약

전통 자동차 및 관련 산업의 창조 능력, 연구개발 투입강도 등이 부족하여 관련 산업사슬이 불완전하고, 핵심 부품과 원재료 등을 수입에 의존하고 있어 친환경 자동차의 빠른 발전을 제약하고 있다.

④ 비즈니스 모델, 인문 등 기본환경 낙후, 브랜드 육성은 시간 필요

자동차 산업의 주도적인 비즈니스 모델이 확정되지 않았고, 자동차 문화 환경 건설은 낙후되어 있다. 동시에 중국산 자동차 기술 수준, 품질, 성능 등 방면에서 국제 선진수준과의 격차가 크며, 핵심 경쟁력이 부족하다.

〔친환경 자동차는 자동차 제조 강국으로 가는 길〕

전 세계 자동차 보유량의 신속한 증가는 에너지, 환경, 안전 등에 대한 압력을 증가시키고 있다. 지속 가능한 발전을 위해서는 자동차 산업은 에너지, 오염, 안전과 자동차 공해 문제를 필수적으로 해결해야 하고, 저탄소화, 정보화와 지능화 자동차가 최종적인 해결방안으로 받아들여지고 있다. 미국, 일본, 유럽 등 국가 또한 자동차의 저탄소화, 전동화, 지능화를 발전목표로 제시하고

있다. 기술 창조를 강화하고, 산업간 협동 융합 등을 통해 자동차 산업이 새로운 정보화 기술, 청정 에너지 기술발전의 배경 아래 전환과 변혁을 실현해야 한다.

① 저탄소화 방면에서, 주요 자동차 선진 국가는 승용차 연료소모량을 2020년에 5ℓ/100㎞, 2025년에 4ℓ/100㎞를 목표로 제시했다.

② 전동화 방면에서, 각국 정부의 적극적인 추진과 자동차 제조 기업의 노력하에 동력전지의 기술진보와 원가 하락에 힘입어 전 세계 자동차의 전동화가 빠르게 진전되고 있다. 2014년 세계 전기 자동차 판매량이 30만대에 이르렀다. 국제 에너지기구(IEA)에 따르면 2030년에는 전기 자동차가 자동차 판매량의 30%를 차지할 것으로 전망하고 있다.

③ 지능화 방면에서, 선진 국가에서는 인터넷 설계, 제조, 서비스를 일체화하는 디지털 모형을 실현하는 자동차 산업의 발전 청사진을 확정했다. 예를 들면, 독일의 '공업 4.0전략'은 인터넷이 연결 된 스마트 자동차, 설비와 제조 서비스의 사이버물리 융합시스템, 자동차와 전기의 기계적 통합, 스마트 운전의 사이버물리 융합 추진 일정을 정의했다. 유럽연합은 2050년까지 자동차간에 상호 소통할 수 있는 일체화 된 스마트 교통구역을 형성하고, 소통이 가능한 자동차는 2015년에 출시하는 것을 계획하고 있다.

2014년 중국의 자동차 판매량은 2,439만대에 이르고, 2014년말 자동차 보유량은 1억 5447만 대이다. 중국의 석유 수입 의존도는 이미 60%에 근접하고, 교통영역의 석유 소비는 50%에 근접했으며 그 중에서 80%가 자동차 소비에 의한 것이다. 동시에 도시의 도로교통 모순현상은 나날이 증가하고, 자동차는 환경 오염 물질 배출의 중요한 근원이다. 중국의 자동차 산업은 친환경 자동차를 발전시켜 저탄소화, 전동화, 스마트화 발전을 추구해야 한다.

〔친환경 자동차 산업 발전 목표〕

① 순수 전기 자동차 및 플러그인 하이브리드 전기자동차

• 2020년까지 독자 브랜드의 순수 전기 자동차 및 하이브리드 전기 자동차의 연간 판매량 1백만 대를 돌파하고, 국내시장 점유율 70% 이상을 달성한다. 2025년까지 연간 판매량 3백만 대를 돌파하고, 국내시장 점유율 80% 이상을 달성한다.

• 2020년까지 자동차 명품 모델을 만들어 세계 판매량 10위권에 진입하고, 대량의 수출을 실현한다. 2025년까지 2개의 자동차 기업이 자동차 판매량 세계 10위권에 진입하며, 해외 판매량이 총 판매량의 10%를 차지한다.

• 2020년까지 동력전지, 구동전동기 등 핵심 시스템이 국제선진 수준에 도달하고, 국내시장 점유율은 80%를 달성한다. 2025년까지 핵심 시스템의 대량 수출을 실현한다.

• 2020년까지 자동차와 자동차 간, 자동차와 설비 간의 IT화를 실현하고, 2025년까지 스마트-인터넷 자동차를 시험 운행한다.

② 연료전지 자동차

연료전지 자동차는 수소를 이용하여 공기 중의 산소와 촉매작용을 통해 연료전지에서 전기화학 반응으로 생산하는 전기를 주 동력원으로 하는 자동차이다.

• 2020년까지 연료전지 핵심 재료의 대량생산 품질관리와 보증 능력을 실현한다. 2025년까지 고품질의 핵심 재료와 부품의 국산화와 대량 공급을 실현한다.

• 2020년까지 연료전지의 수명을 5천 시간, 출력밀도는 2,500와트/리터, 차량의 내구성은 15만㎞, 주행거리 5백㎞, 수소 첨가시간 3분을 달성한다. 2025년까지 연료전지의 신뢰성과 경제성을 대폭 향상시켜 일반 자동차, 전기 자동차와 비교하여 일정한 시장경쟁력을 갖추고 대량생산과 시장화를 실현한다.

• 2020년까지 1천 대의 연료전지 자동차를 생산하여 시범 운영한다. 2025년까지 수소 제조, 수소 첨가 등 기초 시설을 완비하고, 연료전지 자동차의 소규모 운행을 실현한다.

③ 에너지 절약 자동차

2020년까지 승용차(신에너지 승용차 포함) 신차의 에너지 소모량을 5ℓ/100㎞로 줄이고, 2025년까지 4ℓ/100㎞로 줄인다. 2020년까지 상용차 신차의 에너지 소모량을 선진국 수준에 근접시키고, 2025년에는 선진국 수준을 달성한다.

④ 스마트 자동차

2020년까지 지능보조 운전의 총체적인 기술과 핵심 기술을 확보하고, 초보 단계의 스마트 자동차의 독자적인 연구개발 체계와 생산체계를 갖춘다. 2025년까지 자동운전의 총체적인 기술과 핵심 기술을 획득하고, 비교적 완전한 독자적인 스마트 자동차 연구개발 체계, 생산 체계 및 산업군을 갖춘다.

〔친환경 자동차산업 발전의 중점영역〕

① 순수 전기 자동차 및 플러그인 하이브리드 전기자동차

• 일체화된 순수 전동 플랫폼

고집적도의 전동 차대제품 기술, 고집적도의 전지시스템, 고효율과 고집적도의 구동체계, 현가장치(Ssepension System)[68], 제동시스템, 제어시스템을 개발하고, 조종 안정성, 전지의 안전방호, 차대(chassis) 시스템의 경량화를 실현한다.

• 고성능 하이브리드 동력전달장치

고성능 플러그인 하이브리드 동력전달장치를 개발하고, 클러치, 전동기 및 변속기의 집적 개발을 확대한다. 혼합동력 시스템의 제어 및 집적기술

---

68) 스프링 작용에 의해 차체의 중량을 지지하고 상하 진동을 완화하는 장치

을 개발한다. 신형 엔진, 고효율 고밀도의 발전기를 개발하고, 고효율 엔진과 발전기를 집적시키는 핵심 기술을 연구한다.

- 차세대 리튬이온전지

  실리콘기초 합금체계의 리튬이온전지, 고체 리튬이온전지, 금속공기전지[69], 리튬황전지[70] 등 차세대 리튬이온 동력전지와 새로운 시스템의 동력전지 산업사슬을 갖추고 고출력밀도, 고효율화, 경량화, 소형화된 구동 전동기를 연구개발한다.

- 빅 데이터 시스템의 스마트 자동차 산업사슬 건설

  빅 데이터 시스템의 스마트 자동차 독자 연구개발 체계와 생산조립체계를 갖추고, 자동차 산업의 구조전환을 기본적으로 완성하고 환경감지와 IT센서 융합기술, IT기반 플랫폼과 협동화된 통신기술, 스마트 자동차의 차량 집적기술, 스마트 자동차의 IT안전 등 핵심 기술을 획득한다

② 연료전지 자동차

- 연료전지 촉매, 양자교환막, 탄소 나노튜브 전극, 분리막 전극 접합체, 분리판 등 핵심 재료의 대량 생산 능력을 건설하고 품질 제어 기술을 연구한다.

- 연료전지의 신뢰성 향상과 공정화 수준에 대해 연구한다.

---

69) 아연, 알루미늄, 리튬 등을 공기 중의 산소와 결합시켜 전기를 발생시키는 차세대 2차 전지
70) 리튬이온전지 보다 수명과 에너지밀도가 높은 차세대 2차 전지

• 자동차, 예비용 전원 등 연료전지 통용화 기술을 연구한다.

③ 에너지 절약 자동차

차량 경량화 기술, 차량 외형의 최적화 설계, 엔진의 효율 향상, 자동제어변속기, 고효율 변속기, 에너지 절약 에어컨, 회생 에너지 브레이크 시스템 등을 연구하여 최적화 한다.

④ 스마트 자동차

센서, 제어기, 조작기 등의 장치를 탑재하고 통신과 인터넷 기술을 융합한다. 차선이탈 경보시스템, 사각지역 경보시스템, 운전자 피로경보 시스템, 대응형 크루즈 컨트롤 시스템 등 보조운전 시스템과 자동운전 시스템을 발전시킨다.

❖ 신에너지 자동차 국가경쟁력 분석[71]

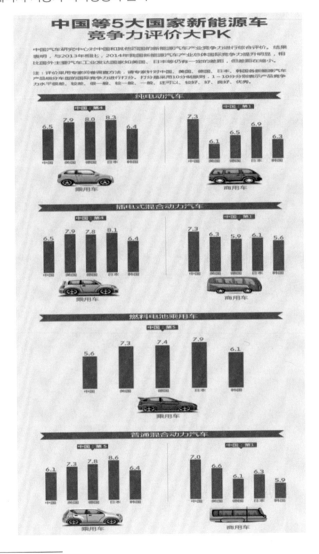

---

71) 중국 제일전동망(第一電動網), 2015.8.17

❖ 세계 최대 전기자동차 시장으로 부상

중국 정부는 '정부기관 및 공공기구의 신에너지 자동차 구매 실시방안'에서 2014년부터 2016년 까지 공무용 차량을 구매할 경우 신에너지 자동차를 30% 이상 구매하도록 강제하였다. 또한, '에너지 절약 및 신에너지 자동차 산업 발전계획(2012~2020)'에서 2015년에는 순수 전기 자동차와 플러그인 하이브리드 전기 자동차 50만 대 생산, 판매를 목표로 설정했다.

중국은 2015년 1~7월간에 신에너지 자동차 9만 5천대[72]를 생산하였으며, 8만 9천대를 판매하여 전년 동기 대비 2.7배와 2.6배 성장하였다. 2015년 상반기에 중국의 신에너지 자동차 판매량이 미국을 추월하여 세계 신에너지 자동차의 최대 시장이 되었다. 또한 '신에너지 자동차 청서'에서는 중국의 신에너지 자동차 산업의 국제경쟁력이 대폭 상승하여 미국, 일본과의 격차가 점점 줄어들고 있다고 밝혔다.

❖ 중국의 전기 자동차 산업에 대한 부정적 평가

홍콩 중문대학교 랑함평(郎咸平)교수는 2012년 발간한 '벼랑 끝에선 중국경제[73]'라는 저서에서 "일본과 미국에서 전기 자동차 붐이 일어났지만 제품 성능이 불안정한데다 유가마저 떨어지면서 소비자의 구매 심리를 자극하는데 모두 실패했다. 그럼에도 중국은 여전히 전기 자동차에 거대한 자금을 쏟아 붓고 있다. (중략) 전기 자동차 분야에서 영국이나 미국을 뛰어 넘겠다고 큰소리치는

---

72) 중국이 친환경차의 세계 최대 시장이 되다. 수호기차(搜狐汽車), 2015.8.18
73) 책이 있는 풍경, 2012, p.171-172

중국의 자신감이 도대체 어디에서 비롯되었는지 모르겠다. 충전과 축전에서 회로관리에 이르기까지 중국은 여전히 핵심 기술을 장악하지 못했다. 언젠가 핵심 기술을 파악했다고 해도 양산화 과정에는 더 큰 규모의 인프라 투자가 필요하다. 다시 말해 광활한 해외시장이 존재할 수 없음을 의미한다. 전기 자동차 50만 대 생산 및 전기 자동차 판매율 5%라는 목표가 실패하리라는 것은 불 보듯 뻔하다"고 평가 했다.

❖ **중국과 자동차 강국과의 경쟁력 비교**[74]
'제조 강국 전략연구'보고서에 따르면 세계 자동차산업의
- 제1그룹은 평가지수 90이상으로 독일, 일본, 미국
- 제2그룹은 평가지수는 60~75로 한국, 이탈리아, 프랑스
- 제3그룹은 평가지수는 50이하로 중국이 해당된다.

중국은 2015년의 평가지수 45에서 2020년에는 평가지수 70수준으로 상승하여 자동차 강국 제2그룹에 진입하고, 2025년에는 평가지수 85이상 수준에 도달하여 초보 단계의 자동차 강국이 될 것으로 예상한다. 2035년에는 평가지수 90을 돌파하여 자동차 강국 제1그룹에 진입하고, 2035년에서 2045년 중에는 중국의 자동차 산업이 진일보 발전하여 일류 자동차 강국을 건설하여 유럽과 미국, 일본 등 자동차 강국과 어깨를 나란히 할 것으로 예상한다.

---

74) 제조강국 전략연구, 중국공신출판집단, 2015.5, p.462

❖ 2014년 및 2015년 상반기 자동차 판매 현황[75]

중국 자동차공업협회의 통계에 따르면 2014년 중국의 자동차 판매량은 2,349만대로 전년 대비 6.8%[76] 성장 하였다. 2013년에 13.9% 성장한 것에 비하면 성장 속도가 확연히 둔화되었으며, 금년 상반기에는 전반적인 경기 하락으로 판매량이 전년 대비 감소했다.

2014년 승용차 판매량은 1,970만대로 전년 대비 9.9% 증가하였으며, 일반 승용차는 1,238만대로 9.9% 증가한 반면에 SUV는 408만 대로 36% 증가, MPV[77]는 191만 대로 47% 증가했다. 한편, 상용차 판매는 379만 대로 전년 대비 6.6% 감소했다. 자동차 판매 상위 10대 기업의 점유율은 89.7%이다.

2015년 상반기 자동차 판매시장에서 가장 두드러진 특징은 저가공세[78]를 통한 중국 자동차 업체의 시장점유율 확대이다. SUV시장의 고속 성장에 따라 중국 브랜드 승용차의 판매량은 418만대로 전년 동기대비 14.6% 성장하여 시장점유율은 3.5% 증가한 41.4%를 차지했다. 독일(199만대, 19.7%), 일본(151만대, 14.9%), 미국(122만대, 12.1%), 한국(81만대, 8.1%), 프랑스(37만대, 3.6%) 모두 시장 점유율이 하락했다.

---

75) 중국자동차공업협회, 2015.1.12
76) SUV(Sport Utility Vehicle), MPV(Multi Purpose Vehicle)2013년 2,198만대 판매, 전년대비 13.9% 성장
77) SUV(Sport Utility Vehicle), MPV(Multi Purpose Vehicle)
78) 저가공세의 사례로 奇瑞(CHERY)자동차는 2009년 승용차 QQ모델을 2만 3천위안의 가격에 50만대를 판매하였으며 차량 한 대당 132위안의 이윤(총 이윤 6천 6백만 위안)을 남겼다.

중국 자동차공업협회의 자료[79]에 따르면, 중국 독자 브랜드 자동차의 2015년 1~5월 해외 수출은 31만 6천 대로 전년 동기 대비 13% 감소했다. 승용차는17만 5천 대로 18.8% 감소했고, 상용차는 14만 1천 대로 4.6% 감소했다. 2012년 이후 중국 독자 브랜드의 해외 수출은 하락 추세를 보이고 있다. 2013년 94만 8천 대, 2014년 94만 7천 대이며 금년도 전망은 86만 대로 전년대비 9.2% 감소할 전망이다. 중국의 독자 브랜드 자동차가 해외 수출에서 직면한 도전은 제품의 품질, 서비스, 브랜드, 금융 등에서 열세에 있다고 한다. 품질 면에서는 엔진은 정밀하지 못하고, 소음이 크고, 신뢰성과 내구성이 떨어지며 고장률이 높다는 점 등이다. 서비스 면에서는 판매규모가 작기 때문에 판매상이 중국 자동차에 대한 관심도가 부족하며 특히, 부품 공급의 적시성 등이 시장수요를 만족시키지 못하기 때문이라고 한다.

❖ 자동차 생산기업 퇴출제도 운영현황 [80]

중국 공업신식화부는 2013년 10월부터 2015년 10월까지 10개 완성 차업체, 102개 개조차 업체, 23개 오토바이 업체가 정상적인 생산경영을 유지할수 없어 빠른 시일내에 생산 정지 공고를 할 것이라고 밝혔다. 2013년 10월에 공시한 48개 기업 중 12개 기업은 합병을 통해서 정상 경영 중이며, 22개 기업은 조사를 통해 회복 또는 퇴출을 결정하고, 14개 기업은 퇴출을 공고할 예정이다. 현재 중국의 완성차 업체는 184개 업체이며, 그룹으로 분류할 경우에는 실제상 76개 기업이며 개조차 업체는 1,056개이다.

---

79) 독자브랜드 수출, 동방자동차망(東方汽車網), 2015.8.18
80) 중신망, 2015.11.5

4. IT전자산업

❖ 중국 정부의 분석과 대책[81]

IT산업의 업종별 경계가 점점 모호해지고, IT기술이 최종 제품에서 광범하게 응용되고 있다. 또한 클라우드 컴퓨팅, 사물 인터넷(IoT), 모바일, 빅 데이터, 3D 프린터 등 새로운 영역이 발전하고 있다. 과거 20여 년 동안 중국의 IT전자산업은 지속적인 성장을 이루었고 핵심 기술을 끊임없이 획득하여 국제 지위가 현저하게 높아졌다.

〔IT전자산업 현황〕

IT전자산업은 장족의 발전을 이루어 컬러TV, 휴대폰, 컴퓨터 생산량[82]은 세계 1위로 전자 제조업 대국의 지위는 나날이 명확해 지고 있다. 2014년 IT전자 제조업은 영업수입 10조 3천억 위안을 실현하여 전년 대비 9.8% 성장 하였다. 전체 공업에서 9.4%를 차지하고 있다.

중점 기술영역에서 끊임없는 기술 진보를 이루었다. 국내 최초로 스마트TV용 시스템반도체(SoC[83])집적회로 연구개발에 성공하여 양산하고 있다. 세계에서 두 번째로 8인치 IGBT(절연 게이트 양극성 트랜지스터) 생산라인을 건설하여 외국 기업의 독점을 극복하고 선박, 전력망, 철도교통 차량 등의 지능화 수

---

81) 중국제조2025 분석 : 현대 IT전자산업체계 구축, 공업신식화부, 2015.6.18
82) 휴대폰 16.3억대, 소형컴퓨터3.5억대, 컬러TV 1.4억대로 세계출하량의50%를 초과
83) System on Chip, 여러 가지 반도체 부품이 하나의 칩으로 집적되는 기술 및 제품

준을 향상시킬 수 있게 되었다.

기업의 실력과 창조 능력 또한 끊임없이 강해지고 있다. 2014년 IT전자분야 100대 기업의 영업수입은 2조 2천억 위안을 실현하여 전년 대비 12.4% 성장했다. 100대 기업은 업계 총량의 1/4을 차지하고 있고, 연구개발 투입 강도는 4.8%로 연구개발경비 증가가 수입증가 속도를 추월했다. 기업의 특허성과 또한 크다. 화웨이(華爲)는 처음으로 세계 100대 창조 기업에 진입했으며, 경동방(京東方)은 2014년 신규 특허 신청이 5천 건을 초과 했다.

〔산업 발전의 제약 요소〕

첫째는, 전자 기초 산업의 핵심 경쟁력을 시급히 강화할 필요가 있다.

기초 소자와 부품, 기초 재료, 기초 장비 등 전자 기초 산업이 IT전자 산업의 기술변혁의 방향, 산업의 고부가가치 부분, 산업발전의 주도권을 결정한다. 오랫동안 중국의 기초전자영역의 추격은 느리게 진전되었다. 자성(磁性)재료, 저항기, 콘덴서, PCB 등의 제품은 중·저급위주이고, 인덕터(Inductor), 센서 등은 국제 선진수준보다 1~2대 낙후 되었으며 집적회로, 평판디스플레이 등의 핵심 전용 설비는 장기간 수입에 의존하고 있다. 이러한 상황으로 인해 중국의 IT전자 산업의 기초가 견고하지 못하며, 부가가치가 낮고, 구조전환 속도가 느린 근본요소이다.

둘째는, 산업사슬의 통합경쟁력이 약하다.

IT전자산업은 이미 전 산업사슬의 경쟁시대에 진입했다. 기업의 핵심 경쟁력은 단일 기술과 제품의 경쟁력에서 플랫폼과 생태 시스템의 경쟁으로 전환

되었고 산업사슬의 통합능력이 승패를 결정하는 관건이 되었다. 핵심 기술과 인재의 부족, 비즈니스 모델의 창조 능력 부족 등의 요소로 인해 중국의 주력 기업이 여전히 제품경쟁 위주이고, 해외진출 기업은 주도적인 산업생태 체계에서 비주류화 하고, 뒤따라가면서 동질화 경쟁을 하는 저부가가치의 발전단계에 장기간 처해 있다.

셋째는, 요소원가 상승은 산업의 경쟁우위를 약화시키고 있다.

최근 몇 년간 노동력 부족, 융자원가 상승, 위안화 가치절상 등이 국내기업의 요소원가를 지속적으로 상승시켜 왔다. IT전자산업의 해외이전의 위험이 점점 증가하고 있다. 생산요소 원가의 빠른 상승은 중국 IT전자산업의 흡인력의 약화를 가속화 한다. 이미 중국 연해지역의 IT전자산업 기업군의 경쟁우위가 심각하게 도전받고 있으며, 일부지역은 산업공동화 문제가 나타나기 시작했다.

〔산업발전의 기회와 도전〕

중국의 경제성장은 고속에서 중·고속 발전단계로 전환되고, 국내외환경은 복잡하게 얽혀 있어 경제발전은 적지 않은 곤란과 도전을 받고 있다. 새로운 과학기술혁명과 산업변혁이 일어나고 있으며, IT기술영역에서 창조활동은 여전히 활발하고 융합, 지능화, 녹색의 다양한 방향으로 발전하고 있다. 집적회로 부품은 끊임없이 축소되고 있고 12인치, 20나노미터(nm) 이하의 선진 생산능력은 과두 기업의 독점이 빨라지고 있다.

IT기술의 창조 성과는 끊임없이 산업영역을 넘어 전 산업사슬의 비즈니스 모델의 새로운 체계로 융합되고 있다. 샤오미(小米), 러시(樂視) 등 기업의 진보는 스마트TV의 연구개발, 생산, 판매, 서비스의 인터넷화를 가속화하고, 인터넷 기업과 전통 컬러TV기업이 스마트TV 발전 모델에서의 경쟁이 치열해지고 있다.

산업과 IT분야의 안전은 나날이 심각해지고 있다. 각 국가는 IT산업이 국가안전에 중요한 작용을 하고 있다는 점을 중시하고 경제, 정치, 외교 등 다방면의 수단과 자원을 종합 운용하여 독자적인 연구개발과 산업화 능력을 강화하고 있다. 첫째는, 유럽과 미국이 국가안전요소를 이유로 중국의 통신설비산업에 제재를 가하고 있고, 미래에는 각국이 중국의 IT전자 영역 발전의 주요 수단을 제지할 것이다. 이는 중국이 이미 국제경쟁력을 갖춘 IT전자산업이 IT안전이라는 장벽에 직면할 것이라는 것을 의미한다. 둘째는, IT안전이 중요시됨에 따라 중국은 빠른 시일 내에 핵심재료와 중요 설비영역에서 미국, 유럽, 일본의 제약을 받고 있는 오래된 현상에서 벗어나야 한다. 전자기초산업의 핵심 경쟁력을 향상시키고 독자적인 IT전자산업 체계를 건설해야 한다.

〔현대적인 IT전자산업 건설을 위한 조치〕
중국 제조 2025 전략에서는 현대적인 IT전자산업의 건설을 위해 '기초를 강화하고, 융합을 촉진하고, 합작을 추진하고, 안전을 보장한다'는 임무를 설정하였다. IT전자산업의 기초 위에서 새로운 IT기술의 발전에 중점을 두고, 소프트웨어와 하드웨어의 융합, IT화와 공업화의 융합, 산업과 서비스의 융합을 실현한다는 계획이다.

❖ 컴퓨터 산업의 국제경쟁력[84]

제조 강국 전략연구'에 따르면, 중국의 컴퓨터 서버(Server) 시장의 과거 5년간 성장 속도는 세계 평균의 8배 이상에 이르렀으며, 2013년 총 판매액은 271억 위안으로 미국 다음으로 세계 2위의 시장이 되었다. 2013년에 중·저급 서버 시장에서 중국산 제품인 X86서버의 판매액은 150억 위안으로 중국시장에서의 점유율은 60%에 이르렀다. 다만, 고급 서버시장에서 중국산 제품의 시장 점유율은 1%에도 미치지 못한다. 중국산 저장설비 또한 중·저급 시장에 집중되어 있다. 고성능 컴퓨터 분야에서는 2013년 천하(天河) 2호가 슈퍼컴퓨터 500강중에서 1위에 올랐다. 중국의 컴퓨터 영역의 시장은 규모가 작고, 국산제품의 시장점유율과 영향력이 부족하며, 핵심 기술이 결핍되어 있어 미국 등 세계 강국과는 비교적 큰 격차가 있다.

중국의 컴퓨터 산업은 규모, 품질효율, 구조 최적화, 지속발전 등의 방면에서 강국과 비교적 큰 격차가 있다. 중국의 인구는 미국의 4배, GDP는 미국의 50%에 이르고 있으나 국내 컴퓨터(서버, 저장장치 포함)시장 규모는 미국의 1/4에 머무르고 있다. 2013년 미국의 컴퓨터(서버, 저장장치 포함) 산업 생산액은 6백억 달러이나 중국의 시장규모는 80억 달러에도 미치지 못하고 있으며 중국산 제품의 생산액은 20억달러 정도이다. 중국산 제품의 세계시장 점유율은 5%에도 미치지 못하고 중국 국내시장에서도 점유율 30%에 머무르고 있다. 따라서 2025년까지는 중국내 컴퓨터 시장규모를 미국에 근접한 수준으로 향

---

84) 제조 강국 전략연구, 중국공신출판집단, 2015.5, p.512-513

상시키고, 2035년까지 세계 선진 수준으로 끌어 올리겠다는 계획이다.

❖ 통신설비 산업의 국제경쟁력[85]

중국의 통신설비 제조업의 산업규모는 이미 세계 선도적인 지위에 도달했으나, 가치사슬 상의 위치, 산업기초, 산업간 협동, 창조능력에서는 여전히 부족하다. 2012년 중국의 통신설비 제조업의 종합발전 지수는 미국, 스웨덴에 이어 제3위이다. 2024년까지는 통신설비제조업의 종합적인 능력에서 미국을 추월하여 제1의 강국이 되겠다는 계획이다.

❖ 신형 디스플레이 산업의 국제경쟁력[86]

시장연구기구인 Display Search에 따르면 앞으로 몇 년간은 디스플레이산업이 성장하여 2020년에는 산업생산액이 1,672억 달러에 이를 것으로 전망하고 있다. 2013년 디스플레이시장은 TFT-LCD(박막 트랜지스터 액정 디스플레이)가 88.6%를 차지하고 있으며 AMOLED(자체발광 차세대 디스플레이, Organic Light Emitting Diodes)와의 차이는 11배 이다. 앞으로 몇 년간은 TFT-LCD가 시장을 주도하는 기술이 될 것으로 예상하고 있다. 한국은 삼성전자와 LG가 세계시장의 40%이상을 점유하고 있다. 중국은 경동방(京東方)과기집단이 중국내 생산액의 50%이상을 차지하고 있으나 세계시장 점유율은 6%에 불과한 실정이다. 중국은 핵심 원재료, 핵심장비의 대외 의존도가 높고

---

85) 제조 강국 전략연구, 중국공신출판집단, 2015.5, p.520
86) 제조 강국 전략연구, 중국공신출판집단, 2015.5, p.531-532, p.534 다만 동 보고서는 최근 중국 디스플레이 업체인 경동방(BOE)의 발전추세를 반영하지 않은 것으로 판단된다.

부품의 대부분은 일본, 한국, 미국과 유럽 기업이 장악하고 있다. 중국은 앞으로 장비, 재료, 부품의 국산화를 실현하여 2030년까지는 시장점유율, 이윤율 등에서 세계 1위가 될 것으로 전망하고 있다.

❖ 가전제품 산업의 국제경쟁력[87]

중국은 이미 가전제품의 세계 제1의 제조 대국이지만 브랜드의 국제화 수준에서는 일본, 독일, 한국과 현격한 차이가 있다. 국제적인 영향력이 있는 기업이 적으며, 하이얼(海爾)이 국제 브랜드 대열에 들어섰을 뿐이다. 1인당 판매수입은 한국의 삼성전자가 459만 위안인 반면에 중국의 청도 하이얼은 73만 위안, 메이디(美的)전기는 99만 위안 수준이며, 2012년 판매 이윤율은 삼성전자 11.5%, 청도 하이얼 4.1%, 메이디전기 5.1% 수준 이다. 2025년까지 판매수입의 5%이상을 연구개발에 투입하고, 국가가 인정하는 기업기술센터를 30개 이상 보유하며, 업종의 80%이상의 기업이 브랜드 전략을 실행하여 중국산 브랜드 제품의 세계시장 점유율을 30%이상으로 끌어올려 가전강국에 진입한다는 계획이다.

❖ 중국전자신식산업집단유한공사(China Electronics Coporation)[88]

중앙에서 직접 관리하는 국유 그룹으로 중국 최대 국유 IT기업이다. 그룹에는 50개 기업이 있으며, 상장기업이 14개에 이른다.

주요 상장기업으로는

87) 제조 강국 전략연구, 중국공신출판집단, 2015.5, p. 543-544, p.547
88) 이상논단(15188.com)

- 남경웅묘(南京熊猫, 남경) : 자동화장비, 공업용 로봇
- 장성개발(長城開發, 심천) : 하드드라이버, LED, 집적회로, 플래시메모리, 클라우드 컴퓨팅, 스마트 미터기
- 장성컴퓨터(長城電腦, 심천) : 모니터, 부품, 클라우드 컴퓨팅
- 중국소프트웨어(中國軟件, 북경) : 클라우드 컴퓨팅 등 소프트웨어
- 중전광통(中電廣通, 북경) : 집적회로 패키징, 스마트 카
- 심상달(深桑達, 심천) : 무선충전, LED전원, 스마트도시
- 화동과기(華東科技, 남경) : 터치스크린, 액정화면
- 장성신식(長城信息, 장사) : 의료전자, 민군겸용 모니터
- 상해패령(上海貝嶺, 상해) : 센서, 집적회로, 지문인식
- 국민기술(國民技術, 심천) : 4G 통신기술, TD-LTE집적회로

5. 해양장비 및 고기술 선박

❖ 중국 정부의 분석과 대책[89]

〔해양장비 및 선박 산업이 직면한 상황〕

선박공업은 주기성이 명확한 산업이다. 국제 선박산업 발전역사를 볼 때 30년 주기로 큰 조정기가 나타나고, 중간에 매 3~5년에 중·단기 파동이 나타났다. 2008년부터 국제 선박시장이 새로운 대조정기에 진입한 이후 기간은 다소

---

89) 중국제조2025 분석 : 해양공정장비 및 고기술선박 발전 추진, 공업신식화부, 2015.5.22

기복이 있지만 현재 총체적으로 산업 조정기에 있다. 현재 전 세계 운송능력은 17억 중량톤에 근접하고 있어 운송능력 총량과 구조적 과잉이 비교적 심하다. 과잉 운송능력을 소화하기 위해서는 앞으로 일정한 시간이 필요하다. 미래의 조정방향으로 볼 때, 수요구조는 명확한 변화를 나타낼 것이다. 벌크선 등 통상적인 선박의 수요는 줄어들고, 해양공정장비와 고기술 선박은 상대적으로 왕성할 것이다. 동시에 에너지 절약과 환경보호가 가능한 신형 벌크선, 컨테이너선, 유조선이 시장수요의 주체가 될 것이고, 액화천연가스(LNG) 운반선, 액화석유가스(LPG) 운반선의 수요 또한 앞으로 왕성할 것이다. 자동차 운반선, 호화여객선, 원양어선의 수요증가는 앞으로 비교적 명확해 질 것이며, 기술이 복잡한 선박에 대한 시장의 수요는 더욱 증가할 것이다.

주요 조선국이 해양공정장비와 고기술 선박 영역에서 경쟁이 치열해질 것이다. 앞으로 일정한 기간 동안은 세계 조선업에서 한ㆍ중ㆍ일 경쟁구도가 유지될 것이다. 유럽의 조선업은 선박 건조시장에서 한 걸음 더 뒤로 물러날 것이며 다만 설계, 부품, 해사규칙 제정 등에서는 여전히 우위를 유지할 것이다. 특히, 유럽과 미국은 해양공정장비 영역의 핵심 설계와 핵심 부품을 기본적으로 독점하고 있다. 인도, 브라질, 베트남 등 신흥 조선 국가는 금융위기의 영향으로 발전이 늦어지고 있다. 일본은 조선기술, 생산효율, 품질 면에서 여전히 비교적 강한 경쟁력을 갖고 있다. 한국의 조선업은 앞으로 비교적 장기간 전면적인 경쟁우위를 유지할 것이다. 한국은 미래 5~10년간 해양공정장비 제조업을 제2의 조선업으로 육성할 것이다. 싱가포르는 전력을 다해 해양공정장비의 경쟁우위를 유지할 것이다. 현재 중국은 통상적인 해양공산품 제조영역에서 이미 싱가포르를 추월했으며, 고급 제품으로 전환하고 있다. 미래에는 심해장비 이외의 제품영역에서 중국, 한국, 싱가포르 간의 경쟁이 치열해 질 것이다.

IT기술과 제조업이 융합하는 것을 주요 특징으로 하는 새로운 과학기술 혁명과 산업 변혁이 일어나고 있다. 선박 제조도 설계 지능화, 제품의 스마트화, 관리의 정밀화와 IT집적화 등의 방향으로 발전하고 있고 세계 조선 강국은 이미 스마트 선박 공장 건설을 목표로 하고 있다. 동시에 국제해사안전과 환경보호 기술규칙은 갈수록 엄격해 지고 있으며 선박 오염물질 배출, 선박 생물오염, 안전위험 경계 등 선박의 에너지 절약, 환경보호, 안전기술에 대한 요구사항이 끊임없이 높아지고 있고 선박과 부품의 기술 향상이 빨라지고 있다.

이러한 상황에 비추어 볼 때 중국의 선박 산업 구조는 시급히 조정과 수준 향상이 필요하다.

〔해양장비 및 고기술 선박 산업 발전방향〕
해양공정장비, 고기술 선박과 부품의 자주화, 브랜드화를 주요 추진방향으로 디지털화, 인터넷화, 지능화 제조를 추진하여 돌파구를 마련한다. 2025년에는 해양공정장비와 고기술 선박에서 세계의 선두 국가가 되며, 조선 공업의 질적 도약을 실현한다.

① 해양자원 개발 장비
해양자원은 석유, 가스 등 자원과 광산자원, 해양생물자원, 해수화학자원,

해양에너지, 해양공간자원 등을 포함한다. 해양자원개발 장비는 각종 해양자원의 탐사, 채취, 저장, 가공 등 방면의 장비를 말한다.

· 심해탐사선, 공정탐사선 등 해양자원 탐사장비를 중점적으로 발전시킨다. 유인심해잠수기, 무인잠수기 등 수중 탐사장비를 강력하게 발전시키며, 해양관측 인터넷 및 기술, 해양 센서기술을 연구하고 산업화 한다.

· 해양 석유, 가스 개발장비. 자동승강식 드릴링 플랫폼, 반잠수식 드릴링 플랫폼, 반잠수식 생산플랫폼, 굴착선, 부유식 원유생산 및 저장설비(FPSO[90]) 등 주류 장비 기술능력을 중점적으로 향상시킨다. 액화석유가스 부유식 생산 저장설비(LNG-FPSO), TLP(Tension Leg Platform), 부유식 드릴링 생산저장시설[91] 등 신형장비의 연구개발 수준을 발전시키고, 산업화 능력을 형성한다.

(FPSO)   (TLP)

* 자료 : 중국 소구(搜狗), 네이버

---

90) Floating Production Storage Offioading
91) FPSO에 드릴을 추가하여 원유의 처리와 공급외에 계속적인 시추를 통해 생산을 지속하게 함

- 기타 해양자원개발 장비. 해저금속광산 탐사 개발장비, 천연가스 수화물[92) 등 채굴장비, 파동에너지/조류에너지 등 해양에너지 개발 장비 등 신형해양자원 개발 장비에 대한 전망성 연구와 기술축적을 한다.

- 반잠수식 운반선, 다용도 작업선, 플랫폼 공급선 등 해상공정의 보조 및 시공 장비류를 개발하고 심해응급 작업장비와 시스템의 개발과 응용을 추진한다.

④ 고기술 선박

선박영역에서는 첫째로 녹색화와 지능화를 실현하고, 둘째로 제품구조의 고급화를 실현한다.

- LNG선박과 대형 LPG선박 등의 설계건조 수준을 향상시키고 고급 브랜드화 한다. 호화 유람선 설계건조기술을 획득하고, 북극 신항로 선박을 적극적으로 발전시키며, 신에너지 선박 등을 연구 제조한다.

- 최상급 에너지 절약, 환경보호 선박. 선체선형 설계기술, 구조 최적화기술, 저항과 에너지 소모를 줄이는 기술, 고효율 추진기술, 오염배출 제어기술, 에너지 회수 이용기술, 청정에너지 및 재활용가능 에너지 이용기술 등의 획득을 통해 선두 수준의 에너지 절약과 환경보호 선박을 연구 제작한다.

---

92) 메탄, 에탄, 프로판 드의 가연성 천연가스가 물과 결합하여 얼음처럼 된 것

• 지능(스마트) 선박. 자동화 기술, 컴퓨터 기술, 인터넷 통신 기술, 사물 인
터넷 기술 등 IT기술을 선박에 응용하는 핵심 기술을 획득한다. 선박 기
관실의 자동화, 운항의 자동화, 기계의 자동화, 장비적재의 자동화를 실현
하고, 항로계획, 선박운전, 선박 형태 조정, 설비 감시제어, 장비 하역관
리 등 선박의 지능화 수준을 향상시킨다.

⑤ 핵심 부품 설비
첫째는, 부품의 집적화, 지능화, 모듈화를 발전시키고 핵심 설계 제조 기술
을 획득한다. 둘째는, 선박과 해양공정장비 부품의 독자 브랜드화와 산업화를
추진한다.

• 선박용 중 · 저속 디젤엔진의 독자 연구제조, 선박용 혼합연료/순수기체
엔진의 연구 · 제조를 추진한다. 전체 설계기술, 제조기술, 실험검증 기술
을 획득한다. 고압연료 분사시스템, 지능화 전력제어 시스템, 배기가스 재
순환 장치(EGR)[93], 선택적 촉매 감소장치(SCR)[94] 등 디젤엔진의 핵심 부
품과 시스템을 획득하고 공급을 실현한다. 신형 추진 장치, 발전기, 전력 추
진 장치 등 전기 동력 및 동력전달장치를 연구, 제조하여 공급능력을 갖춘다.

• 전기기계 제어설비. 지능화, 모듈화, 시스템 집적화를 중점 추진한다. 갑
판기계, 기관실 설비 등 부품설비의 표준화와 통용성을 향상시키고, 설비

---

93) Exhaust Gas Recirculation, 배기가스 일부를 다시 엔진으로 돌려보내 재처리하는 장치
94) Selective Catalyst Reduction, 요소수(암모니아)를 분사해서 질소산화물을 정화하는 장치

의 지능화 제어와 자동화 조작 등을 실현한다.

• 해양공정장비 전용설비. 드릴(drill)체계, 정박, 수중 배관관리 등 해양공정 전용설비의 연구, 제조 수준을 향상시켜 산업화 능력을 형성한다.

❖ 중국과 선박 강국과의 경쟁력 비교[95]

1970년에서 2012년간의 선박공업 발전지표를 분석한 결과 중국은 선박공업 종합경쟁 수준이 이미 유럽을 추월했고, 한국과 일본을 추격하는 과정이라고 분석하고 있다. 2015년에는 중국의 조선 강국 종합지수가 일본을 추월하고, 2021년에는 한국을 추월하여 세계 제1의 조선 강국이 될 것으로 전망하고 있다.

❖ 해양공정장비 및 선박 산업 동향[96]

국가해양국은 '중국 해양발전 보고 2015'에서 2014년 중국의 해양경제생산 총 가치는 5조 9,936위안으로 전년 대비 7.7% 성장하였고, 국내 GDP에서 차지하는 비중은 9.4%라고 발표했다. 해양공정장비 제조업의 2014년 신규 주문액은 139억 달러로 세계 1위이며, 세계 시장점유율은 2013년 24%에서 2014년 41%로 상승하였다.

---

95) 제조강국 전략연구, 중국공신출판집단, 2015.5, p.452
96) 남방재부망(www.southmoney.com), 2015.6.24

❖ 국가발전개혁위원회 '신흥산업 중대공정 실시에 관한 통지'[97]

2015년 7월 국가발전개혁위원회는 2015년부터 2017년까지 IT소비, 신형 건강기술, 해양공정장비, 고기술 서비스업 육성 발전, 고성능 집적회로 및 산업창조능력 등 6대 프로젝트 건설계획을 발표했다.

〔2015년도 해양공정장비 중점 영역〕

• 심해 반잠수식 굴착 플랫폼 : 작업 수심 1,500미터 이상, 최대 탐사정 심도 9천 미터 이상, 가변 하중 5천톤 이상으로 독자설계 건조한다

• 남해 심해탐사선 : 작업 수심 3천 미터 이상, 독자설계 건조한다.

• 극지과학탐사 쇄빙선 : 해빙 1.7미터 상황아래서 선수의 쇄빙속도 2~3노트의 선박을 독자설계 건조한다.

• 극지갑판운수선 : 적재중량 2만 5천톤 이상, 쇄빙능력 1.5미터 이상, 항속 2노트 이상 선박을 독자설계 건조한다.

• 남해 산호섬 부유식 플랫폼 : 남해서사(西沙) 해역에 사용이 적합한 길이 1백 미터 이상, 최대 흘수 3.5미터, 3미터의 파고와 초당풍속 50미터를 견디는 플랫폼을 독자설계 건조한다.

---

97) 중국 유색망, 2015.8.14

〔2016년도 해양공정장비 중점 영역〕

• 신형 심해 굴착선 : 작업 수심 3,600미터 이상, 탐사정 심도 1만 2천 미터 이상의 선박을 독자설계 건조한다.

• 심해 원통형 부유식 저장 하역장치 : 유류저장량 15만톤 이상으로 독자설계 건조한다.

• 대형 반잠수식 다기능 공정선 : 배수량 5만톤 이상, 장비적재량 3.8만톤 이상을 독자설계 건조한다.

• 심해 부유식 생산저장 하역장치 : 작업 수심 1,500미터 이상, 유류저장 30만톤 이상을 독자설계 건조한다.

• 남해인공 산호섬 : 총면적 1만 평방미터 이상, 기초플랫폼 설계수명 1백년 이상, 승선인원 50~1백명, 독자설계 건조한다.

〔2017년도 해양공정장비 중점 영역〕

• 경제형 심해 굴착선 : 작업 수심 1,500미터 이상, 최대 탐사정 심도 9천미터 이상, 배수량 5만톤 이상을 독자설계 건조한다.

• 부유식 액화천연가스 생산저장 하역장치 : 작업 수심 1,500미터 이상, 저장용량 10만 입방미터 이상을 독자설계 건조한다.

• 반잠수식 생산플랫폼 : 작업 수심 2천미터 이상, 원유처리능력 1일 15만 배럴 이상, 천연가스 처리능력 1일 1만 표준입방피트 이상을 독자설계 건조한다.

6. 궤도교통장비(고속철도)

❖ 중국 정부의 분석과 대책[98]

중국의 궤도교통장비 제조업은 60년간의 지속적인 발전을 통해 자체적으로 연구개발을 진행함과 동시에 최신 설비를 갖추고 있으며, 설계, 제조, 시운영, 서비스를 통해 전체적인 궤도교통장비 제조 체제를 형성하고 있다. 전기기관차, 내연기관차, 전차, 기차, 화물기차, 도시궤도차량과 같은 기관차관련 핵심 부품, 송수신설비, 전원공급설비를 비롯한 10여 개 전문 제조 시스템을 보유하고 있다. 특히, 최근 10년 사이 고속, 대용량, 편의성, 환경보호 등 분야의 기술력 향상으로 고속열차와 대용량 적재기관차 생산은 세계를 놀라게 하는 성과를 이룩했다. 중국 궤도교통장비 제조업은 자체 혁신능력을 강화함으로써 국제시장에서의 경쟁력을 갖춘 산업중 하나이다.

〔발전목표와 발전방향〕

2025년 궤도교통장비 제조업은 완전한 체제를 구축하고 자체 기술혁신능력

---

98) 국제조2025 분석 : 선진 궤도교통장비 발전 추진, 공업신식화부, 2015.5.22

과 체계를 갖춘 스마트 제조의 모델로 자리 잡게 될 것이다. 주요 제품이 글로벌 선진 수준에 도달하고, 해외업무 비율이 40%를 넘을 것이며, 서비스 업무의 점유율도 20%를 초과할 것이다. 국제시장 표준에 맞는 품질체계를 수립함으로써 현대화된 궤도교통장비 산업체계를 수립하고, 세계 산업사슬의 최고 수준을 차지할 예정이다.

궤도교통장비 제조 강국의 전략목표는 창조성을 발휘하고 녹색 스마트 제조를 이끌며 다양한 발전 가능성을 발굴하고, 세계의 선도적인 궤도교통장비 산업체계를 건설하는 것이다.

미래 10년 중국의 궤도교통장비 발전은 주로 디지털화, IT화 기술의 플랫폼을 바탕으로 신소재, 신기술, 신공법을 광범하게 응용하고, 안전하고 신뢰성 있으며 녹색 지능화 제품의 연구제조에 중점을 둔다. 제조와 서비스를 결합한 새로운 비즈니스 모델을 만들고 글로벌 경영을 전개하여 세계를 선도하는 궤도교통장비 산업의 창조체계를 건설한다.

중국 정부가 추진하고 있는 '일대일로'전략에 따라 많은 기업이 세계로 진출하고 있다. '일대일로'전략은 중남아시아, 남아시아, 중앙아시아, 서아시아, 더 넓게는 동유럽, 북아프리카의 기초설비 건설과 상호연결의 수요에 영향을 끼치고 있다. 녹색환경보호, 대량운수의 교통방식으로서의 궤도교통은 '일대일로'전략의 선봉이 될 것이다. 해외시장은 중국의 궤도교통장비 제조업이 지속적으로 발전할 수 있는 블루오션이다. 궤도교통장비 제조기업은 국가가 중점적으로 추진하는 '일대일로'전략의 기회를 잡아서 적극적으로 해외업무를 전개하고 제품, 서비스, 기술, 투자가 결합하는 전 방위 국제화 경영능력을 건설해야 한다.

〔궤도교통장비 제조 강국과의 비교〕[99]

현재 독일, 프랑스, 일본 등의 국가가 궤도교통장비 제조 강국에 속한다. 중국의 궤도교통장비 제조업은 크지만 강하지 않은 단계에 처해 있다. 핵심 기술, 핵심 부품과 기초재료는 여전히 수입에 의존하고 있다. 중국의 궤도교통장비의 2013년 산업판매 가치가 2,500억 위안으로 산업규모가 세계에서 제일 큰 국가가 되었다. 그러나 해외 영업수입이 총수입에서 차지하는 비중은 2013년의 경우 7.1%로 독일, 캐나다, 일본 기업의 40~90%에 비하면 상대적으로 낮다. 홍콩 중문대학교 랑함평(郞咸平) 교수[100]에 따르면 중국 고속열차의 바퀴, 차축, 베어링, 전자기기 등 핵심 부품은 수입에 의존하고 있다고 한다. 중국산 베어링은 시속 150~180km, 바퀴는 시속 120~160km 수준의 보통 열차의 수요를 만족시킬 수 있는 수준이라고 한다. 제동계통은 독일에서 수입하고, 전자기기는 스위스와 일본 등에서 수입하고 있으며, 변류기, 제동설비 등의 전기부품 또한 수입하고 있으며, 전기부품은 차량가격의 30%를 차지한다고 한다.

99) 제조 강국 전략연구, 중국공신출판집단, 2015.5, p.444
100) 중국경제의 구제도와 신상태, 동방출판사, 2015.2, p.165

❖ 중국 궤도교통장비 기술창조체계 초보단계 형성[101]

중국은 초보단계의 국가 궤도교통장비 기술창조 구조를 갖추었다. 국가급 연구개발기구 10개소, 국가 창조형 기업 5개, 국가인정 기업기술센터 13개소를 이미 건설했다. 12차 5개년(2011~2015) 계획기간 동안 궤도교통장비 판매수입은 연평균 30%[102] 증가했으며, 2012년은 1%로 최근 가장 낮은 수치였으나, 2014년은 21%로 상승했다. 현재 국제 선진 수준의 제조 기지를 갖추고 있으며, 생산능력은 세계 선두 지위에 도달했다. 도시철도 차량, 내연기관차, 대형 유지보수기계 등의 제품은 러시아, 호주, 브라질, 인도, 아르헨티나, 터키, 이란, 말레이시아 등의 국가로 수출하고 있다.

❖ 세계 주요 궤도교통장비 제조기업[103]

• 중국中車(남차와 북차를 합병), 캐나다 Bombardier, 독일 SIEMENS, 프랑스 Alstom, 미국 GE, 일본 가와사키(川崎) 등이다.

• 중국 북차는 중국 북방기차차량공업집단과 대동전진투자유한공사 등이 연합하여 2008년에 설립 되었다. 중국 북차가 보유한 CRH3 동차는 시속 394km로 중국내에서 가장 빠른 속도를 자랑하고 있으며, 전력기관차 370대, 내연기관차 460대, 객차 2,300량, 도시궤도 차량 1,100량, 각종 화차 2만 6천량을 보유하고 있다.

---

101) 전첨망(前瞻網), 임연평, 2015.5.12
102) 2009년 33.15%, 2010년 42.42%, 2011년 23.81%, 2012년 1.05%, 2013년 9.54%, 2014년 21.41%
103) OFweek공공망(工控網), 2015.4.19

- 캐나다 Bombardier는 1967년 설립 하였으며, 세계 3대 항공기 제조업체이며, 세계 최대 철로 및 궤도교통장비 제조업체이다. 직원은 7만 5천명이며, 미주, 유럽, 아태지역 등 24개 지역에 진출해 있다. 중국에는 3개 합자기업을 1996년, 1998년에 설립하여 운영하고 있다.

- 프랑스 Alstom은 1928년 설립 하였으며 각종 공업, 전기설비의 생산, 전력 송배전, 에너지, 운수, 선박설비를 생산하고 있으며 전 세계 60여개 지역에 진출해 있으며 직원은 11만 명이다. 발전 및 궤도교통 기초설비 분야에서는 세계 선두기업이며, 발전설비는 세계 총 설치용량의 25%를 차지하고 있으며, 궤도교통시장에서의 점유율은 18%에 이르고 있다. 중국과의 협력은 1950년대부터 시작 되었다.

7. 항공장비

❖ 중국 정부의 분석과 대책[104]

〔항공장비 발전환경〕

미래 10년간의 예측에 따르면 전 세계적으로 간선 항공기 수요는 1만 2천 대, 지선 항공기는 2천 7백 대, 일반 항공기는 1만 8천 대, 헬리콥터는 1만 2천대로 총 가치는 2조 달러에 이른다. 중국의 간선 및 지선 항공기 수요는 1,940대

---

104) 중국제조2025 분석 : 항공장비 발전 추진, 공업신식화부, 2015.5.22

로 가치는 1조 8천억 달러에 이를 전망이다. 동시에 방공관리 개혁과 저공 공간의 개방을 추진하면 중국내 일반 항공기, 헬리콥터와 무인기 시장은 거대해질 전망이다.

〔경쟁 환경〕

• 미국은 현재 세계 항공업에서 가장 발달한 국가이다. 공업과 과학기술 체계를 완비하고 있으며, 기술상 전면적으로 세계 선두 지위에 있다. 세계 항공 100대 기업 중 미국이 44개를 차지하고 있으며, 10대 기업 중 7개가 미국 기업이다.

• 유럽은 대형 여객기, 군용기, 헬리콥터, 엔진 등에서 국제시장의 상당한 부분을 차지하고 있다. 세계 항공 100대 기업 중 유럽이 35개 기업을 차지하고 있다.

• 러시아는 각종 항공 제품을 연구 제조할 수 있는 극소수의 국가 중의 하나이다. 군용기는 국제시장 경쟁력이 비교적 양호한 반면에 민용기는 비교적 격차가 있다.

• 캐나다는 상업용 제트 항공기와 지선 여객기의 최대 생산국 중의 하나이다.

• 브라질은 지선 여객기의 세계시장 절반을 점유하고 있다.

- 우크라이나는 대형수송기, 항공기 엔진의 설계와 생산능력을 갖추고 있다.

〔기술 및 경제기초〕

중국은 이미 항공기술체계와 산업체계를 갖추고 있으며, 군용항공기를 연구·제작하였으며, 민용기 방면에서는 '신주(新舟)'계열을 이미 백 대를 인도했다. ARJ21 등 지선 여객기는 항공노선에 투입될 예정이며, 대형 간선 여객기 C919는 연구제작의 중요한 단계에 이르는 성과를 거두었다. 소형 무인기와 일반항공기는 빠르게 발전하고 있다.

〔성과와 직면한 문제들〕

대형여객기 C919의 주문수량은 끊임없이 증가하여 500여대에 이르렀으며, 금년 11월초에 C919에 대한 출고식을 개최하면서 중국의 언론은 민간항공기의 ABC시대를 열었다고 자평하고 있다. 비록 항공기 엔진 등 핵심 부품은 GE 등 수입품을 사용하여 조립하는 단계이지만, 프랑스의 에어버스(Airbus)와 미국의 보잉(Boeing)과 더불어 중국의 C919가 대등한 단계에 진입했다고 의미를 부여하고 있다. ARJ21-700 신 지선여객기는 항공에 적합한 인증을 획득했고, 머지않은 장래에 운영단계에 진입할 것이다. 선진 중형 다용도 헬리콥터 AC352는 시험 비행중이며 종합적인 성능이 양호하다. 대형 소방 및 구조 항공기는 제조단계에 진입했다.

중국의 항공업이 비록 장족의 발전을 이루었지만, 민용 항공공업은 지속적으로 배양이 필요한 유치산업에 속하며 국제 선진 수준과 비교하더라도 비교적 큰 격차가 있다. 주요 문제점으로는 첫째, 산업규모가 작으며 산업의 자주적인 발전능력이 강하지 않다. 둘째, 항공제품의 종류가 적으며, 기술수준이 높지 않으며 시장경쟁력이 강하지 않다. 셋째, 민용 항공기술이 비록 장족의 발전을 이루었지만 선진국과 비교할 경우 격차가 명확하다. 넷째, 항공 엔진, 탑재 시스템과 설비, 원재료 및 부품 등의 제약이 심하다. 다섯째, 감항능력[105]이 명확하게 부족하다.

〔정책조치〕

항공 제조업의 진흥을 위한 법률과 법규를 제정하고, 기술능력을 향상시키고 체계를 건설하는 한편, 미국, 유럽 등 선진 국가의 민용 항공관리 당국과 합작을 추진할 계획이다. 저공 영역의 관리개혁을 추진하여 일반 항공기 산업의 발전을 촉진하며, 민용 항공기 제품의 산업화를 촉진한다.

❖ 중국과 항공 강국과의 경쟁력 비교[106]

제조 강국 전략연구 보고서[107]에서는 산업규모, 과학기술 능력과 제품의 종합수준을 고려하여
- 제1그룹에 미국,
- 제2그룹에 유럽(영국, 프랑스, 독일, 이탈리아),
- 제3그룹에 중국, 일본, 캐나다, 브라질, 이스라엘 등으로 분류하고 있다.

---

105) 항공기가 자체 안전성을 확보하기 위해 갖추어야 할 능력
106) 제조 강국 전략연구, 중국공신출판집단, 2015.5, p.426
107) 중국공신출판집단, 2015.5, p.425-426

이스라엘은 무인기와 경보기가 선진 기술수준, 스웨덴은 경보기와 레이더에 강점이 있는 것으로 분석하고 있다.

중국은 세계 항공강국과 비교하여 민용 항공기 산업이 미약하다. 항공기 엔진 등 핵심 기술을 아직 확보하지 못하고 있으며 재료, 부품 등 공업 기초분야는 강화시킬 필요가 있다. 2025년 까지는 항공기 엔진의 국산화, 대형여객기의 개발 및 운영, 항공제품의 국제시장 점유율 확대 등을 통해 유럽 국가 및 러시아와 어깨를 나란히 하는 항공 제조 강국에 진입할 것으로 전망하고 있다.

8. 우주장비

❖ 중국정부의 분석과 대책[108]

중국의 우주장비분야 산업은 50여년의 역사를 가지고 있으며, 우주장비 연구, 설계, 제조, 시험체계 및 제품의 품질보장 체계 등을 갖추고 있다. 현재 중국은 탑재로켓, 위성, 유인우주선, 탐측기 등 다양한 종류의 우주 제품과 발사 서비스 및 지상설비 건설 등을 제공할 수 있는 국가 중의 하나이다.

〔주요성과〕
① 탑재로켓 연구제조 및 발사능력이 현저하게 향상

---

108) 중국제조2025 분석 : 우주장비 발전 추진, 공업신식화부, 2015.6.3

중국의 장정(長征)계열의 탑재로켓은 장정 2호, 3호, 4호의 3개 계열을 이루고 있고, 총 발사횟수는 200회를 초과하였다. 계열화 발전과 고정밀 발사, 신뢰성은 국제 선진 수준에 도달하였다. 장정 5호, 6호, 7호 등 새로운 탑재로켓의 연구, 제조가 순조롭게 이루어지고 있으며, 공간 진입 능력이 끊임없이 향상되고 있다.

② 응용위성이 대규모 업무 서비스를 제공

육지자원, 해양, 기상, 환경재해로 인한 손실을 줄이는 등 측지위성[109]은 이미 일정한 업무서비스 능력을 갖추었다. 고분(高分) 2호 위성의 성공적인 발사는 민용 측지위성의 분별력이 미터급 시대에 진입했다는 것을 상징한다. 통신방송, 디지털 중계 등 위성통신의 기본 체계를 이미 완성하였고, 북두(北斗) 항공유도 시스템은 앞으로 중국 및 주변 지역에 서비스를 제공할 수 있게 한다.

③ 유인우주선 및 달 탐사 프로젝트의 이정표적 성과 수립

신주(新舟) 10호 비행선과 천궁(天宮) 1호 목표비행체가 도킹에 성공했다. 항아(嫦娥) 3호는 2013년 달에 처음으로 착륙을 실현하여 항공우주사업의 새로운 이정표를 세웠다.

---

109) 지구상의 지점이나 위치를 정밀하게 측정하는 역할을 수행

* 자료 : 중국 수구(搜狗)

〔발전방향과 주요임무〕

장정(長征) 5호, 6호, 7호, 8호 등 무독성, 오염이 없는 새로운 탑재로켓을 연구제조하여 비행을 실현한다. 중형 탑재로켓을 발전시켜 탐측공정과 우주공간 기초시설 건설을 뒷받침한다. 2020년 전후에 새로운 대, 중, 소형 탑재로켓을 갖추고, 2025년 전후에 고효율의 안전한 우주 운송체계를 건설한다.

위성측지 시스템은 육지관측, 해양관측, 대기관측의 3개 계열에 중점을 두고, 다양한 종류의 관측장비를 최적화 조합하여 종합적이고 고효율의 전 지구 관측능력을 형성한다. 고정 통신방송위성, 이동 통신방송위성과 디지털중계위성 등 3개 계열로 전 지구의 주요 지역을 담당할 수 있게 한다. 2020년 전후에 민용 공간기초 시설체계를 기본적으로 건설하여 안정적인 서비스를 제공한다. 2025년 전후에는 기술의 선진화와 전 지구적 서비스, 고효율의 민용 공간기초 시설체계를 갖춘다.

유인우주공정과 달 탐사공정을 지속적으로 추진하고, 우주정거정 건설을 완성하여 장기간 머물 수 있도록 하는 문제를 해결한다.

❖ 중국과 우주 강국과의 경쟁력 비교[110]

우주 강국의 특징을 종합적으로 고려하여 2012년도의 수치를 근거로 분석한 결과 우주 강국에는

- 제1그룹에 미국(1.74), EU(1.02), 러시아(0.82)
- 제2그룹에 중국(0.63), 일본(0.48), 인도(0.18) 등이 속해 있으며, 중국은 제2그룹의 선두에 위치하고 있다고 한다.

중국은 이미 우주 대국의 행렬에 진입했으며, 비교적 완성된 우주 과학기술 공업 체계를 건설하였으며, 독자적인 설계, 제조, 발사 등의 능력을 갖추었다. 미국과 유럽과 비교할 경우 핵심 기술, 핵심 기초능력에 격차가 있지만 앞으로 10년간의 노력을 통해 2025년에는 우주 강국 제1그룹에 진입할 가능성이 있다.

❖ 중국의 달 탐사 프로젝트의 최근 동향[111]

지난 9월 8일 북경에서 개최된 '제2회 북경 달 탐사 국제논단'에서 중국과학원 달 탐사 본부 관계자는 "앞으로 항아(嫦娥) 4호를 달 표면의 반대편에 착륙시키는 준비를 하고 있다"고 밝혔다. 항아(嫦娥) 4호는 지난 2013년에 성공적으로 발사해서 달 탐사 차량인 옥토끼(玉兎)를 달 표면에 착륙시킨 항아(嫦娥) 3호의 예비용으로 제작된 것으로 동일한 성능이다.

---

110) 제조 강국 전략연구, 중국공신출판집단, 2015.5, p.434
111) 항아4호 달 반대편 착륙 실현 예정, 신화망(新華網), 2015.9.8, 인민망(人民網), 2015.9.9

달 표면의 반대편에 착륙시키기 위해서는 어떤 방법으로 비행체에 명령을 전달하고 제어할 것인가와 영상 기록 등을 순조롭게 전송 받는 방법 등에 대한 연구가 이루어져야 한다.

달 표면의 반대편은 인류가 직접 볼 수 있는 방법이 없다. 지구와 달 사이의 조력의 영향으로 달은 항상 동일한 면을 지구로 향하고 있기 때문이다. 따라서 앞으로 중국이 달 표면의 반대편에 탐사선을 착륙시키면 세계 최초의 성과를 달성하게 된다.

한편, 2017년 전후에는 항아(嫦娥) 5호를 발사할 계획을 가지고 있다. 항아(嫦娥) 5호의 주요 임무는 달 표면에서 1kg 정도의 샘플을 무인으로 채취해서 지구로 귀환하는 프로젝트이다. 채취한 샘플을 안전하게 보관, 연구할 수 있는 시설과 처리방법 등에 대한 준비도 진행하고 있다고 밝혔다.

9. 고급 수치제어 선반

❖ 중국 정부의 분석과 대책[112]

중국 제조 2025 전략 중 수치제어 선반과 기초 제조 장비는 전략적으로 중요한 산업영역으로 보다 빠른 발전을 필요로 하는 분야이다.

〔전략적 가치 및 산업특성〕

수치제어 선반과 기초 제조 장비는 장비 제조업의 기본으로 국가 선반산업 기술수준과 품질은 그 나라 장비 제조업의 발전수준을 표현하는 중요한 표지이다. 국방안전측면에서도 첨단 국방장비를 제조하기 위한 기초이다. 선진국은 여전히 중국에 대해 기술봉쇄와 제한정책을 실시하고 있다. 산업안전 측면에서도 국내 제조업의 발전 속도를 가속화하고 장비 제조업에서의 첨단 기술력을 높여야만 선진 국가와의 간격을 줄일 수 있다.

〔선반산업의 발전 현황〕

우주항공영역에서 중국이 자체 개발한 800MN[113] 단조프레스와 120MN 알루미늄합금 인발기 등 대형설비는 중국이 우주항공영역의 핵심 및 전체 부품 생산 기술력에서의 공백을 메우고 군용기의 비약적인 발전과 대형항공기의 연구개발에 강력한 힘을 불어 넣었다. 800MN 단조프레스는 30여 종의 항공기 영역의 티타늄합금 부품의 생산을 실현시켰다. 120MN급 알루미늄합금 인발

---

112) 중국제조2025 분석 : 고급 수치제어선반 발전 추진, 공업신식화부, 2015.5.22
113) Mega Newton

기는 고품질의 알루미늄합금 후판을 항공기 날개 등 부품에 응용할 수 있게 함으로써 대형 항공기 알루미늄 합금 후판이 수입에만 의존하던 국면에서 벗어나게 했다.

자동차 제조영역에서는 대형 쾌속 고효율 수치제어 자동프레스 생산라인은 세계일류 기업과의 국제 경쟁입찰에서 미국 자동차 회사의 현지 생산라인을 대량주문을 받음으로써 국제 동종업계의 인정을 받고 있다. 현재 자동차 차체 프레스라인은 국내시장 점유율이 70%를 초과하고, 전 세계 점유율도 이미 30%를 초과하여 중국산 자동차장비의 국산화를 촉진하고 있다.

발전설비 분야에서 3만 6천톤의 수직 금속압출기는 1000MW의 초임계 화력발전 시스템에 사용되는 국산 고급 내열성 대구경의 이음매 없는 강관의 국산화 생산을 실현했다. 대형 개합식 열처리 설비는 아시아에서 가장 큰 원자력발전소의 단조 회전자를 생산하고, 대형회전자의 대량 생산능력을 보유하고 있다.

대형 자동차 차체의 자동 프레스와 같은 10여 종류의 설비가 이미 세계 선도수준으로 국산설비로 수입을 대체하고 있다. 고속 5축 가공센터 등 20여개 제품이 기본적으로 선진국 수준에 도달했으며 수입품의 국산화를 이룩할 예정이다. 정밀 수평가공센터는 자체 지적재산권과 유연 제조 시스템의 핵심 기술을 구비하였다. 고속, 복합 등 고급수치가공센터는 연구개발을 진행 중이지만 기능과 성능, 안정성에서 국제수준과는 일정한 격차가 있다. 2010년부터 우주항공, 에너지자원, 선박, 자동차 등 영역에서 3만 5천대의 국산 고급 수치제어시스템을 사용하여 수입대체를 실현했다.

고급 수치제어 시스템이 군사공업 기업에 응용되면서 수치제어 시스템의 대량생산 시대가 열리게 되었으며, 국내시장 점유율이 10%에서 25%로 증가했다. 수치제어 산업화생산기지가 형성되기 시작했으며, 그중에 광주수치제어설비 유한회사는 연 10만대의 수치제어 시스템 생산능력을 갖추고 있으며 생산량은 세계 2위이다. 2010~2014년간 총 수출물량은 9600대에 이르며, 그중 5축 연동 수치제어 시스템은 700대로 수치제어 시스템의 품질은 날로 향상되고 있다.

〔선반산업의 발전 과제〕

중국의 선반산업은 세계 선반공업체계와 시장에서 중요한 입지를 갖고 있다. 그러나 아직도 선반 강국으로 불리지 못하는 이유는 세계 선반강국과 비교할 경우 품질과 규모면에서 아직 일정한 격차가 있기 때문이다.

Gardener통계에 따르면 2014년 세계 선반 거래총액 753억 달러 중 중국의 수출액은 33억 달러로 세계 선반 거래액의 5%가 되지 않는다. 이는 일본과 독일이 평균 10%이상의 점유율을 차지한데 비해 미미한 수준이다. 또한, 중국은 일부 중, 고급 수치제어선반은 수입에 의존하고 있으며, 자동차 분야는 수입률이 40%를 넘고 있다. 2014년 선반공구의 수입총액은 177억 달러로 전년대비 10.8% 증가했으며, 그 중에서 금속가공 선반의 수입액은 108억 달러로 전년대비 7.6% 증가했다. 이는 국내 선반산업이 고급기술을 요하는 국내 수요를 만족시킬 수 없음을 반증한다.

국산부품은 품종, 수량, 품질이 떨어지며 고급생산품은 대부분 수입에 의존하고 있다. 국산 고급선반의 시장 점유율을 높이기 위해서는 기술 경쟁력과 부품산업의 경쟁력 향상이 급선무이다.

〔선반산업의 발전 방향〕

수치제어 선반과 기초 제조장비의 자체 혁신능력과 시장경쟁능력을 키우고, 우주항공과 자동차 두 영역에서의 핵심 설비, 핵심 기술을 적극 도입하여 장비의 안정성과 신뢰도 등 기술적인 문제를 해결해야 한다.

수치제어선반과 기초 제조 장비, 수치제어시스템, 부품 등의 분야의 산업사슬과 기업수를 늘리고 전략적 합작관계를 유지해야 한다.

❖ 중국 선반시장분석[114]

〔세계 선반 소비현황〕

2014년 세계 선반 소비액은 580억 달러이며, 중국은 선반 소비 세계 1위(20%)이며, 미국(16%), 독일(14%), 한국(9%), 일본(8%)순이다.

〔중국 선반시장 발전개황〕

2014년 선반 기업 수는 전년 대비 6.2% 증가하여 5,612개이다. 2014년 선

---

114) 중국 알루미늄산업망(www.alu.cn)

반시장 규모는 8,712억 위안으로 전년대비 8.5% 성장 하였으나 성장 속도는 하락하고 있다.

수치제어 선반은 금속절삭과 금속성형에 주로 사용되며, 2014년 중국 시장 규모는 1,294억 위안으로 전년 대비 10.8% 성장하였으나, 성장 속도는 하락했다. 다만, 선반 전체시장의 성장 속도보다는 빠르며, 수치제어화 비율이 끊임없이 향상되고 있다. 중국 기업의 수치제어 제품의 기술수준은 보편적으로 낮고, 수치제어 수준은 고급시장의 수요를 만족시킬 수 없다.

선반시장은 저속 성장시대, 조정기에 진입했으며, 2014년 중국의 선반산업은 여전히 저급제품 위주이다. 저급제품시장은 하락 추세이며 중·고급 제품시장은 상승추세이다. 통용성이 있는 저급제품은 공급 과잉상태이며, 최근 군용, 우주, 선박, 자동차 업종에서 중·고급 선반에 대한 수요가 증가하고 있으며, 특히 고정밀, 고속, 고효율, 지능형 중·고급 선반에 대한 수요가 뚜렷하게 증가하고 있다.

❖ 중국 수치제어선반 10대 브랜드[115]

• Mazak(일본, YAMAZAKI MAZAK CORPORATION)

1919년 창업. 5축 가공센터, 횡축가공센터, FMS유연생산시스템, CNC장치 등 생산. 세계 22개 국가에 10개 생산 공장, 80개 과학기술 및 서비스센터 운영. 중국에는 1998년 진출하여 20여개 지사를 운영하고 있다.

• DMG(독일) : 1994년 DMG 선반집단 설립. 유럽 제일의 선반집단으로 80여개 품목을 생산하고 있다.

• 심양선반(중국, SMTCL) : 심양제일선반 등 3개 회사를 합병하여1993년 설립. 중국 최대 생산규모의 종합선반 제조공장이며, 국가급 수치제어선반 연구개발 제조기지. 국내외에 30만대의 금속절삭설비 공급, 수치제어선반 생산 비중이 60% 이상을 차지하고 있다.

• 대련선반(중국, DMTG) : 1948년 설립. 대형 선반, 유연제조시스템, 자동화장비 및 수치제어 선반의 연구개발 제조기지. 자동생산라인과 유연 제조시스템의 판매량이 전국 1위이며 국내시장 점유율이 30%에 이르고 있다.

• TRUMPF(독일) : 80여년의 선반 생산 역사를 가지고 있으며, 2000년 강소성 태창과 광동성 동관에서 레이저 선반 등 생산공장 설립. 상해, 북경

---

115) 중국산업정보망, www.chyxx.com, 2015.4

등 20여개 도시에 판매점과 A/S점을 운영하고 있다.

- 天田(일본, AMADA CO., LTD) : 1946년 설립. 판금, 프레스, 절단, 선반 등 4개 영역의 가공기계를 생산, 판매하고 있다.

- 大隈(일본, Okuma) : 1918년 설립. 일본 최대의 수치제어선반 생산회사 중의 하나이며, 상해와 북경에 현지 법인을 운영하고 있다.

- 濟二(중국) : 제남2선반집단유한공사로 1937년 설립하였으며 대형 기계 장비 제조기업이다. 중국 최대 규모의 중형 수치제어 단조압연기 설비와 대형 수치제어 선반의 연구개발 제조기지이다.

- 北一(중국) : 북경제일선반공장으로 1949년 설립. 2005년 세계 중형선반의 선두기업인 독일 기업은 인수, 합병하여 중형, 초중형 선반분야에서 중국내 선두기업의 위치를 차지하고 있다.

- 齊一(중국) : 제중(齊重)수치제어장비 유한공사로 1950년 설립. 횡식 중형선반 생산을 위주로 하고 있으며, 600여종의 선반 제품을 생산하고 있다. 매년 평균 25개의 신제품을 개발하고 있으며, 국가급 중점 고신기술 기업이며, 전국 CAD응용공정 시범기업이다.

10. 의료기기[116]

❖ 시장규모

전 세계 의료기기 시장의 판매액은 2002년 2,100억 달러에서 2013년 4,690억 달러로 빠르게 성장했다. 세계경제의 쇠퇴기인 2008년과 2009년에도 의료기기 시장은 6.4%, 7.0% 성장했다. 중국의 의료기기 시장 판매총액은 2001년 179억 위안에서 2013년 1,889억 위안으로 13년간 11.8배가 증가 했다. 2013년에 중국은 일본을 추월하여 세계 제2의 의료기기 시장이 되었다.

2015년 상반기에 의료기기 업종의 영업수입은 1,080억 위안(12.05% 증가), 이윤총액은 92억 위안(4.71% 증가), 의약제조업은 영업수입 1조 1,735억 위안(8.76% 증가), 이윤총액은 1,207억 위안(13.53% 증가)을 달성 했다. 의료기기의 영업수입 증가율이 높지만 이윤증가율이 낮은 이유는 중국의 의료기기는 저급제품이 많고, 업종내의 가격경쟁이 치열한 것이 원인이다.

❖ 의료기기 발전 특징

중국의 의료기기는 초보단계에 있고, 국산 대체 여지가 크다. 미국은 세계 최대의 의료기기 시장 겸 생산국가이다. 미국은 의료기기 시장의 50%를 차지하고 있으며, 유럽이 24%를 차지하고 있다. 세계 10대 의료기기 회사 중 7개가 미국 회사이다. 10대 회사의 점유율은 Johnson & Johnson(미

---

116) 2015년 중국 의료기계 업종 시장 발전현황 분석, 중국 산업정보망(中國産業信息網), 2015.8.8

국, 7.95%), SIEMENS(독일, 4.99%), Medtronic(미국, 4.75%), Roche(스위스, 3.16%), Covidien(미국, 2.86%), Abbott Laboratories(미국, 2.75%), GE(미국, 2.73%), Philips(네델란드, 2.63%), Stryker(미국, 1.99%), Boston Scientific(미국, 1.99%) 이다.

❖ 미래 중국의 의료기기 발전 요인

중국의 65세 이상 노령인구는 이미 10%에 도달했고, 예측에 따르면 2040년에는 20% 수준에 도달할 예정이다. 또한 소득과 생활수준, 보건의식이 높아짐에 따라 의료기기 시장은 장기간 성장할 것이다.

현(縣) 및 현급 이상의 병원이 1만 3천개이고, 향(鄕), 진(鎭)의 위생원(한국의 보건소)가 5만 2천개소이다. 향, 진의 진료인원은 많지만 의료기기의 비치수준은 비교적 낮다. 각급 정부에서 지방 의료기관의 개선을 위해 투자를 확대하고 있어 폭발적인 성장이 기대 된다.

국내시장에서 수입 의료기기의 시장 점유율은 70%에 이른다. 다만, 이러한 상황은 조용한 변화가 일어나고 있다. 국내 의료기기 제조업체가 외국기업이 독점하고 있는 시장을 요동치게 하고 있다. 정부에서 고급의료기기의 연구개발에 대량의 전용자금을 투입하고 있고, 의료기기 구매방면에서는 국산기기를 우선 구매 한다면 앞으로 많은 변화가 발생할 것이다. 중국 국내에서도 매서(邁瑞, 마이루이) 등 의료기기의 선두 기업이 출현하고 있다.

❖ 중국 의료기기 현황

중국의 의료기기 생산업체는 규모가 비교적 작고, 소모성 제품과 중·저급 제품 위주로 생산하고 있다. 의료기기 생산기업은 1만 5천개이나, 매출 규모가 2천만 위안 이하의 기업이 90%에 이른다.[117]

전국의 지방 의료위생기관의 의료기기 중에서 15% 정도는 1970년대 전후의 제품이고, 60%는 80년대 중반 이전의 제품이다. 앞으로 10년 또는 장기간에 걸쳐 중국 의료기기 시장의 빠른 성장이 기대된다.

중국내 의료기기 시장의 주요 기업으로는 GE Healthcare, SIEMENS, PHILIPS, Johnson & Johnson, 매서(邁瑞, 마이루이), 신화(新華) 의료기계, 어약(魚躍, 위유에) 의료설비 등이다.

---

117) 2015년 상반기 중국 의료기계 업종 수입 1080억 위안, 중국상정망(中國商情網), 2015.8.18

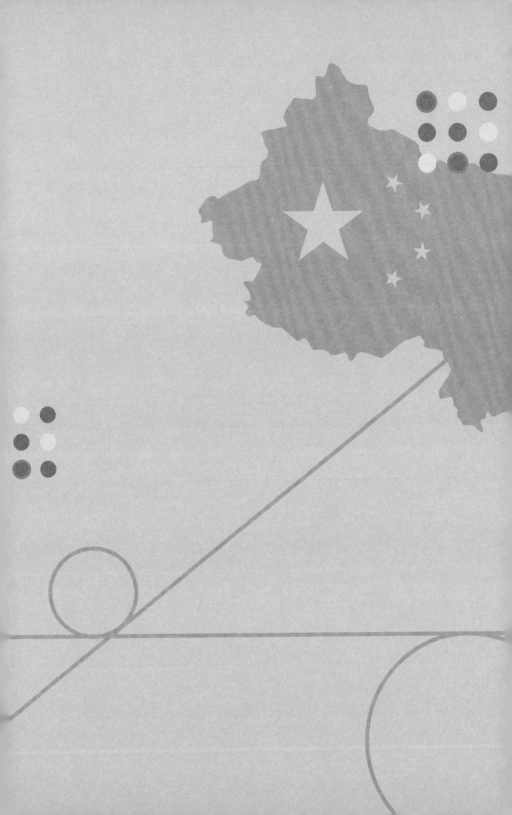

4.
중국의 신흥
산업분야 동향

—

중국의 신흥 산업분야 동향

1. 3D 프린터[118]

3D 프린터는 잉크 대신에 여러 가지 소재를 활용하여 적층식으로 쌓아 올려 입체적인 구조물을 출력하는 것으로 제조, 의료, 교육, 건축, 군사 등 다양한 방면에 사용되고 있다. 제품의 생산 원가 절감, 100%에 가까운 재료 이용, 모형개발 원가 절감 등 원가적인 우위와 더불어 제품 개발주기 단축, 작업과정 단순화와 제품설계 성능향상 등 다양한 이점을 가지고 있어서 새로운 제조 혁명을 불러일으킬 것으로 기대되고 있다.

---

118) 2015년 중국 3D 프린터시장 연구보고, iiMedia Research Group, 2015

❖ 중국 정부의 정책

중국 정부에서는 '3D 프린터 산업 발전 추진계획(2015~2016)'에서 중국의 3D 프린터 산업이 아직 초보단계에 있으며, 선진 국가와 비교하여 많은 격차가 있다고 스스로 평가하고 있다. 산업체계가 아직 형성되지 않았으며 대규모 산업화, 공정에서의 응용과는 거리가 있으며 핵심 기술, 장비, 핵심 부품, 재료, 소프트웨어 등 기초가 미약하고 정책과 표준체계 구축이 필요하다고 한다.

2016년 까지는 기초적인 산업체계를 구축하고, 기술수준은 선진국과 보조를 맞추어 나가겠다고 한다. 항공우주 등 직접 제조영역은 선진수준에 도달하고 국제시장에서 비교적 큰 시장점유율을 확보한다는 계획이다. 기술적인 기초를 다지고 국제경쟁력을 갖춘 2~3개 기업을 육성하고, 부분적으로 3D 프린터 장비를 국제수준으로 향상시키고 전용재료, 소프트웨어, 핵심부품 등의 관건이 되는 핵심기술에 대해서도 초보적인 기술 획득을 목표로 하고 있다. 전국적으로 응용시범센터 또는 기지를 건설하고 관련 협회를 설립하고 5~6개의 3D 프린터 기술창조센터를 건립한다는 계획이다.

전용재료와 관련하여 금속 3D 프린터 전용재료는 분말의 크기를 최적화하고, 형상과 화학적 성질 등 재료특성 등을 수요에 맞추어 개발하고, 비금속 3D 프린터 전용재료는 고온에서 견디는 능력(耐高溫), 고강도 등의 방면에서 성능을 향상시키고 원가를 인하한다. 2016년까지 티타늄합금, 고강철, 내고온·고강도의 플라스틱 등 전용재료의 독자생산과 수요를 만족 시킨다.

〔전용재료 개발〕

종류	재료명칭	응용영역
금속 3D 프린터 전용재료	티타늄 합금분말(입도 20㎚～30㎚), 고강철, 고온합금 등	항공우주 영역의 고성능 부품
비금속 3D프린터 전용재료	감광수지, 고성능 도자기, 탄소섬유 증강 나일론 복합소재(200℃이상), 컬러 유연플라스틱, PC-ABS 등 고온 고강도에 견디는 플라스틱	항공우주, 자동차 엔진 등 주조용 모형 개발 및 기능성 부품 제조, 제품 원형제조
의료용 3D프린터 전용재료	교원질(콜라겐), 키토산 등 천연 의료용 재료, 폴리유산, 폴리 글리콜산, 폴리에테르에테르케톤(PEEK) 등 인공합성 고분자재료, 니켈코발트합금 등 의료용 금속재료	생체조직 복원, 개성화 조직, 기능성 조직, 기관 등 정밀의료제조

공예기술 향상을 위해 금속재료 3D 프린터 기술로는 레이저 용해(SLM), 레이저 성형(LENS), 전자 빔 용해, 전자빔 증착 기술을 발전시키고, 비금속 3D 프린터 기술에서는 용해증착 성형(FDM), 레이저 소결, 3차원 프린트, 재료분사 성형 기술을 발전시킨다는 계획이다.

장비 면에서는 효율, 정밀도, 신뢰도 등을 향상 시킨다는 계획이다.

그 밖에 장비, 재료, 공예기술, 제품품질 제어, 성능평가 등에 대한 국가 표준을 제정하고, 품질 기술평가와 제3자 검사·인증 제도를 발전시킨다. 또한, 학교에 3D 프린터와 실습용 소프트웨어 등을 설치하고 교육훈련 과정을 신설하여 학생들에게 창의적인 설계에 대한 흥미와 애호, 의식을 배양하고, 3D 프린터 실습기지로 만들겠다는 계획이다.

❖ 세계시장 규모

2014년 세계시장 규모는 38억 달러에 이르렀으며, 2018년에는 125억달러에 이를 전망이다. 개인용 3D 프린터는 2014년 10만대에서 2018년에는 90만대까지 보급될 것으로 전망된다. 2014년 공업용 3D 프린터의 응용 영역으로는 공업응용(20.2%), 가전(18.7%), 자동차(16.7%), 의료(15.0%), 항공(11.8%), 학술연구(5.5%) 등 다양한 영역에서 활용되고 있다. 판매시장으로는 미국(40.1%), 일본(9.4%), 독일(8.9%), 중국(8.2%)순으로 분포되어 있으며, 생산제조는 미국이 63.2%로 절대적인 우위를 차지하고 있으며, 중국은 3.7% 수준이다.

❖ 중국의 발전단계

3D 프린터 분야에서 중국은 아직 초급단계에 머물러 있다. 3D 프린터 원재료는 과다하게 수입에 의존하고 있으며, 특히 금속제품의 원재료는 산업발전을 크게 제약하고 있다. 외국기업의 재료는 성능과 품질이 뛰어난 반면에 호환성이 낮으므로 자연스럽게 중국시장에서 점유율을 높일 수가 있다. 중국산 재료는 성능에서 비교적 격차가 많으며, 프린터에 사용할 수 있는 종류 또한 많지가 않아 수입에 의존할 수밖에 없는 상황이다. 또한 핵심 부품의 기술 기초가 선진국과 격차가 크며, 성형 효율이 낮고 정밀도와 안정성은 기술향상이 필요하다. 3D 프린터의 재료원가가 비교적 높아 3D 프린터로의 대체 필요성이 낮은 것 등이 산업발전을 더디게 하고 있다. 외국의 공업용과 개인용 3D 프린터 시장은 산업화와 상업화 응용단계에 진입하여 비즈니스 모델이 성숙단계에 있는 반면에, 중국은 산업사슬이 아직 형성되어 있지 않고 국방, 항공분야 고

급기술은 세계 일류인 반면에 개인용 시장 제품은 수준이 낮은 모순된 국면에 있다고 한다.

❖ 주요기업 사례

• 3D Systems(미국) : 3D 프린터 분야 세계 선두기업으로 프린터, 재료, 소프트웨어, 서비스를 제공한다. 인수합병을 통해 대량의 특허를 획득하고 개인프린터 영역까지 업무를 확대하여 선두기업이 되었다. 2014년 수입구조는 프린터(43.4%), 재료(24.3%), 서비스(32.3%)이다.

• Stratasys(미국) : 1989년 설립 하였으며, 데스크탑형 ABS프린터의 최대 생산기업이다. 2012년 이스라엘의 Objet을 합병하는 등 합병을 통해 자원과 시장지위를 확대해 나가고 있다. 500여 항목의 기술특허를 보유하고 있으며, 공업용 3D 프린터분야 세계 최대 제조기업이며, 재료분야의 선도기업이다.

• Tiertime(太爾時代, 중국북경) : 아시아 최대 3D 프린터 제조기업으로 INSPIRE계열과 UP!계열이 있으며, 탁상용 UP! 계열 제품은 소비자가 선호하는 3대 브랜드중 하나이다. 청화(清華)대학으로부터 기술지원을 받고 있다.

그 밖에도 중국내 3D 프린터 분야 10대 주요기업[119]으로는 무한 빈호기전(濱

---

119) 三迪時空網에 회원으로 등록한 3D 프린터 기업 수는 980개에 이르고 있다.

湖機電) 기술산업 유한공사, 항주 선림삼유(先臨三維)과기 유한공사, 북경 융원(隆源) 자동성형시스템 유한공사, 북경 은화(殷華) 레이저 쾌속성형 및 모형 기술유한공사, 심양 신송(新松) 로봇자동화 유한공사, 중항천지(中航天地) 레이저 과기유한공사, 호남 화서(華曙)고기술유한책임공사, 비이강(飛而康) 쾌속 제조 과기유한공사, 남경 자금입덕(紫金立德) 전자유한공사, 북경 상척(上拓) 과기유한공사가 있다.

❖ 중국 업계의 전망[120]

앞으로 몇 년간은 중국의 3D 프린터 시장이 40% 정도의 성장속도를 유지할 것이고, 앞으로 3~5년은 3D 프린터 기술의 핵심적인 발전시기이며, 중국이 미국을 추월하여 세계 최대의 3D 프린터 시장이 될 것으로 기대하고 있다.

❖ 3D 프린터 산업단지 사례[121]

서안에서 2시간 거리에 있는 위남(渭南)시에서도 2013년 6월부터 3D 프린터 산업단지를 건설하여 금년 3월부터 운영하고 있다. 6만㎡의 표준공장, 2.3만㎡의 창업보육센터와 창업자용 아파트 등을 보유하고 있으며, 현재 8개 기업이 입주하고 있다. 금년 8월에는 2억 5천만 위안(한화 450억원 상당)의 창업투자기금을 조성했으며, 본격적인 상업화 단계로의 발전을 추진하고 있다.

---

120) OFweek 3D 프린터망, 3dprintofweek.com 2015.9.1
121) 위남시 고신구(高新區) 제공

A研发孵化区
B生活服务区
C生产制造区
D物流仓储区
3D打印产业培育基地

❖ 3D 프린터가 해결해야 할 문제점

한양대학교 임형록교수는 '글로벌 경제 매트릭스–중국편[122]'에서 장기적으로 3D 프린팅이 풀어야 할 가장 큰 문제점은 바로 소재 개발과 대형화 부분으로 초점이 맞추어진다고 했다. 왜냐하면 반드시 강도와 내구성 혹은 연성 모두를 만족시킬 수 있는 다양한 소재가 경제성 있는 제품 생산으로 연결될 것이기 때문이다. 더불어 대형 제품까지를 일관공정으로 생산할 수 있을 때 3D 프린팅의 진정한 가치가 빛을 발휘할 것이다. 현재 보잉사가 비행기 엔진에 사용할 300여 개의 부품을 3D 프린팅 기술로 제조하고 있는 만큼 해결 가능한 부분이라는 분석이다.

---

122) 도서출판 새빛, 2013.11, p.437–438

2. 민용 무인기[123]

무인기(Unmanned Aerial Vehicle, UAV)는 기술적인 면에서 수직 이착륙형과 비수직 이착륙형으로 구분할 수 있고, 응용 분야면에서 군용, 공업용, 소비용으로 구분할 수 있다. 공업용과 소비용을 편의상 민간용으로 구분한다. 중국에서 민간용 무인기 소비시장이 폭발적으로 성장한 것은 2012년경이다. 이전에는 무인기는 주로 공업용으로 응용이 되었고, 소비용으로는 모형항공기 등의 애호가들이 소비하는 수준에 머물렀다. 민간용 무인기 시장이 성장하는 전환점이 된 것은 2011년에 대강창신(大疆創新)이 회전날개가 여러 개인 다축 회전날개 무인기를 소비시장에 출시하면서 부터이다. 2013년에는 대강창신(大疆創新)이 일체화된 무인기 Phantom Vision을 세상에 선보이면서 일반대중이 공중촬영을 할 수 있게 되었다.

소비용 무인기 시장이 폭발적으로 성장한 또 다른 배경으로는 2010년 프랑스의 Parrot사가 4축 회전날개의 AR.Drone을 세계에서 처음으로 발표하면서, 중국내의 대강(大疆), 영도(零度) 등 무인기 기업이 다축 회전날개 무인기 시장의 앞날을 볼 수 있게 했다. 다축 회전날개의 특징은 구조가 간단하고, 제조비용이 저렴하며, 조종능력이 양호하여 공중에 멈추어 있을 수 있으며, 개인이 사용하기에 비교적 적합하여 대중시장을 개척하기에 용이한 장점이 있다.

공업용 무인기 시장은 중국내에서 폭발적인 성장을 보이지 않고 있다. 공업

---

123) 민간무인기 업종 연구보고, china venture research, 2015.4

용 무인기는 전력, 농업, 산림 화재예방, 경찰용 등 세분화된 영역에서 사용이
완만하게 증가하고 있다.

* 자료 : china venture research

민용 무인기의 주요기업으로는 2006년에 설립한 대강창신(大疆創新)으로
2010년 판매액이 3백만 위안에서 2014년 판매액은 30억 위안(한화 5,400억
원 상당), 영업이익은 10억 위안 정도로 성장하였으며, 민용 무인기시장에서
점유율 60% 이상을 차지하고 있다.

❖ 중국 민용 무인기 시장 5대 기업[124]

순번	기업명칭	소재지	설립시기	자본금(위안)
1	대강창신(大疆創新)과기유한공사	심천	2006년	3천만
2	일전항공(一電航空)기술유한공사	심천	2013년	1억
3	애생(愛生)기술집단공사	서안	1992년	1천만
4	아특(芽特)항공과기유한공사	심천	2002년	3천만
5	급비(級飛)전자과기유한공사	광주	2007년	55만

---

124) 2015 중국 민용 무인기시장 연구보고, 태백지고(泰伯智庫), 2015.3

❖ 민용 무인기 기업 사례[125] : 과비특(科比特) 항공과기 유한공사

심천시 과비특(科比特, 커비터)항공과기 유한공사는 공업용 다축 회전날개 계통의 연구개발, 생산, 판매 및 서비스를 하고 있다. 제품은 이미 일본, 독일, 영국, 이탈리아, 이란, 러시아, 인도 등 다수 국가에 수출되고 있다.

상품은 X계열과 MC계열로 구분되며, X계열은 X4(4축)와 X8(8축) 2종류이며, 기체는 탄소섬유와 항공용 알루미늄 구조로 이루어져 있으며 X8의 최장 비행시간은 25분, 최대 안전부하중량은 5kg이다. 과비특(科比特)과 남방전력망이 합작으로 연구 개발하여 전력망 감시영역의 시장점유율은 40%에 이르고 있다. MC계열은 4종류이며 기체 전부를 탄소섬유로 성형 가공하여 가벼운 것이 특징이다. 4축 회전날개 무인기는 날개 1개가 파손될 경우 추락할 수 있으며, 6축 또는 8축 회전날개는 이러한 문제가 발생하지 않는 장점이 있다.

(커비터(科比特) MC계열 성능)

	MC4-1000	MC6-1000	MC8-1200	MC6-1600
기체중량(kg)	2.1	3	3.5	6.5
최대적재중량(kg)	3	3	5	25
최장운항시간(분)	75	45	35	60
작업반경(km)	2	3	3	5
작업고도(km)	1.5	1.5	2	3
항공촬영 조건	小雨	小雨	中雨	小雨
기 타	4축 회전익	6축 회전익	8축 회전익	6축 회전익

---

125) 민용 무인기 업종 연구보고, china venture research, 2015.4

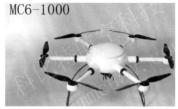
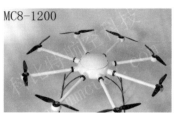

* 자료 : china venture research

❖ 중국 민용 무인기의 경쟁력

중국은 이미 세계 최대의 무인기 생산기지가 되었으며, 정부 정책과 안전 등 문제로 인한 제한 등으로 중국내 소비용 무인기 시장은 초기단계라고 한다. 중국의 제조기업은 이미 무인기 제조의 핵심 기술을 확보하고 있으며, 제품의 60% 이상을 유럽과 미국에 수출하고 있다. 가격은 1,500~5,500위안으로 앞으로 경쟁이 치열해 지면서 가격은 하락할 전망이다.[126]

2015년도 1~5월간 중국의 무인기 수출은 16만 대로, 전년 동기 대비 69배 증가한 것으로 수출 총액은 1억 2천만 달러에 달한다.[127]

126) 신쾌보(新快報), 2015.4.27
127) 신사보(新使報), 2015.8.11

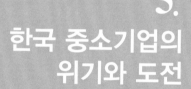

5.
한국 중소기업의
위기와 도전

한국 중소기업의 위기와 도전

1. 제조 강국 중국, 한국 중소기업의 위기!

가. 시간은 중국편!

중국은 '제조 강국 2025'전략을 통해 핵심 부품과 기초 재료의 국산화 비율을 2020년에는 40%, 2025년에는 70% 수준으로 높이는 것을 목표로 하고 있다. 아울러, '국가 반도체산업 투자기금'으로 25조원 규모를 이미 조성했고, 앞으로 10년 안에 5조 위안(한화 900조원 상당) 이상으로 늘어날 것이라고 전망하고 있다. 또한, 중소기업의 창업과 육성을 목적으로 '중소기업 발전기금'을 11조원 규모로 조성 할 계획이다. 이러한 정부의 전폭적인 지원이 중국 기업의 발전 속도를 가속화할 것으로 예상된다.

'제조 강국 2025'전략이 아니더라도 이미 중국의 기술 수준은 우리나라의 턱

밑에 까지 따라 왔다. 미래창조과학부와 한국과학기술기획평가원이 발표[128]한 2014년도 '기술수준평가'에 따르면 우리나라와 중국의 기술격차는 1.4년이라고 한다. 우리나라는 미국에는 4.4년, EU에는 3.3년, 일본에는 2.8년 뒤쳐져 있다. 우리나라의 전체 기술수준은 미국(100%), EU(95.5%), 일본(93.1%)에 이어 78.4%이며 중국은 69.7%이다.

〔우리나라와 주요국가간의 기술격차〕

분 야	중국	한국	일본	EU	미국
전자 · 정보통신	70.3	83.2	91.3	91.3	100
의료	68.3	77.9	89.7	92.8	100
바이오	70.4	77.9	93.4	95.8	100
기계 · 제조 · 공정	72.3	83.4	97.1	98.9	100
에너지 · 자원 · 극한기술	71.3	77.9	92.8	97.8	100
항공 · 우주	81.9	68.8	84.2	93.8	100
환경 · 지구 · 해양	63.3	77.9	96.2	99.3	100
나노 · 소재	69.2	75.8	94.3	93.6	100
건설 · 교통	69.7	79.6	97.0	98.5	100
재난 · 재해 · 안전	65.8	73.0	94.3	92.4	100
국가전략기술 전체	69.7	78.4	93.1	95.5	100

* 미국의 기술수준을 100으로 볼 때 각국의 수준(%), 자료 : 미래창조과학부

우리나라가 세계 최고 수준에 근접한 기술은 인간 친화형 디스플레이 기술(91.2%), 초정밀 디스플레이 공정 및 장비기술(90.8%), 스마트 그리드 기술(90.3%) 등이다.

---

128) 턱밑까지 온 中, 기술격차 1.4년으로 좁혀져, 국민일보, 2015.5.4

현재 한국 중소기업의 대중국 수출 품목의 대부분은 부품, 자본재에 집중되어 있고 소비재는 한자리 수에 불과한 실정이다. 따라서 중국이 '제조 강국 2025'전략을 성공적으로 추진할 경우 한국 중소기업은 수출 길이 막힐 것이라는 것은 명약관화(明約觀火)하다. 2025년까지 기다릴 것도 없이, 이미 중국시장에서는 한국 휴대전화뿐만 아니라 자동차까지도 중국기업의 저가공세로 판매에 어려움을 겪고 있다. 국내 대표적인 대기업이 이러할진대 중소기업에 닥칠 위기는 단지 시간문제라고 보여 진다. 중국의 학자들이 즐겨하는 말이 있다. "시간은 중국편이다!"

나. 한반도 통일 대박

중국에 진출한 많은 중소기업인들을 만나보면 한 목소리로 우리나라와 기업들이 앞으로 생존하기 위한 돌파구는 '남북통일'밖에는 없다고 한다. 개인적으로도 공감하는 부분이다.

중국에 '중화민족의 부흥'이라는 '중국의 꿈(中國夢)'이 있다면, 우리에게도 '남북통일'이라는 '한민족(韓民族)의 꿈(夢)'과 한민족이 융성할 수 있는 기회가 남아 있다. 통일 초기에는 인프라 구축 등 막대한 통일비용과 사회적 갈등이 있겠지만 결국은 우리 민족이 해결해야 할 숙명적인 과제라고 생각한다. 북한의 풍부한 지하자원[129]과 관광자원을 활용할 수 있고, 시간은 걸리겠지만 인구 7천 5백만 명의 내수시장이 형성될 것이다. 지리적 이점을 최대한 활용하여 우리나라와 시베리아 횡단철도 등이 연결된다면 우리나라가 동북아의 물류 중심지로 부상할 수 있으며, 중국의 육상 실크로드(一帶) 이상의 성과를 거둘 수도 있다고 생각한다. 2014년 3월 11일 전국경제인연합회에서 주최한 '국민 대통합 심포지엄[130] : 한반도 통일, 과연 대박인가'에서 홍순직 현대경제연구원 통일경제 센터장은 "통일비용과 편익을 조사한 결과, 통일은 한국경제의 잠재 성장률 급락과 외풍 구조에 취약한 구조적 문제 등을 해결하면서 지속 발전 가능한 신성장 동력과 발전공간을 제공하고 내수비중 확대를 통한 안정적인 성장구조 모형을 제시할 대안"이라고 밝혔다. 통일 한국은 인구 7천 4백만 명을 보유한 강국으로 급부상하며 1인당 GDP는 2030년 4만 3천 달러, 2040년 6만 6천 달러에 이르고, 2050년에는 8만 6천 달러로 일본보다 소득이 높아지고 세계 8위의 경제대국에 진입할 것으로 전망했다. 특히, 북한에는 4조 달러의 잠재 가치를 가진 지하자원이 있으며, 통일이 되면 한국이 필요로 하는 지하자원의 절반을 북한의 광물자원으로 조달하여 연간 154억 달러의 수입대체효과를 거둘 수 있을 것으로 예상하고 있다. 중국이 제조 강국으로 변신하기 전에 남북통일이 먼저 이루어지기를 간절히 기원한다. 그래야만이 '한민족(韓民族)'이 융성할 수 있는 기회를 잡을 수 있다고 생각한다.

---

129) 마그네사이트 매장량은 세계 3위, 흑연 매장량은 세계 4위, 희토류는 세계 전체 채굴가능 매장량의 2/3가 매장 되어 있다. '10년후 시장의 미래', 일상이상, 2014. 5
130) 통일한국 국민소득 2050년 8만6천 달러, 일본 제친다, 연합뉴스, 2014.3.11

최근 국내언론이[131] IMF 세계경제 데이터베이스를 인용하여 보도한 자료에 따르면 우리나라의 1인당 명목 GDP는 2014년 2만 7,970달러에서 2020년이면 3만 6,750달러에 이른다고 한다. 같은 기간에 일본은 3만 6,222달러에서 3만 8,174달러로 우리나라의 GDP가 일본과 비슷해진다고 한다. 월스트리트 투자의 귀재로 불리는 짐 로저스(Jim Rogers)[132] 또한 통일 한국은 경제 강국이 될 것이며 일본을 앞설 것이라고 전망하고 있다.

2. 한국 중소기업의 挑戰課題

가. 중국 진출 한국 기업과 중국 중소기업이 처한 상황

〔 중국 진출 한국 중소기업의 상황 〕

지난 1992년 한,중 수교이후 임가공을 중심으로 많은 한국의 중소기업이 중국 동부 연안지역의 산동성(山東省)을 중심으로 진출했다.

• 산동성의 경우 2000년 1만개에 이르던 기업이 2013년에는 4천 7백여 개로 현격하게 줄어들었다[133]. 중국 기업의 성장, 인건비 상승, 환경규제 강화, 외국투자기업 혜택 축소 등으로 동남아로 이전하거나 폐업하고 있다. 산동성 위해시(威海市)의 경우에는 2007년에 2천여 개에 이르던 한국 기

---

131) 5년뒤 한국 GDP, 일본과 비슷해진다, 중앙일보, 2015.11.6
132) 세계경제의 메가트렌드에 주목하라, 이레미디어, 2014.1
133) 2010년 6,226개, 2012년 5,814개, 2013년 4,743개

업이 이제는 6~7백여 개가 남았다고 한다. 음식점은 1백여 개가 있지만 그동안 1천여 개가 진출했다가 살아남은 것이란다. 그동안 수많은 한국인들이 비싼 수업료를 지불한 셈이다.

• 휴대전화 부품을 생산하는 업체가 많이 진출한 천진(天津)지역과 광동성 동관(東莞)지역은 휴대전화 생산 모기업이 생산물량을 베트남 공장으로 대거 이전하는 바람에 업종전환을 하거나 거래처를 변경해야 하는 등의 상황에 몰리고 있다.

• 디스플레이 생산업체인 모기업을 따라 남경(南京)에 동반 진출한 중소기업은 중국 기업과의 치열한 원가경쟁으로 인한 생산물량 확보에 어려움을 겪고 있다. 모기업 또한 중국시장 점유율의 하락과 계절적 수요 변동으로 인해 근로자의 채용과 해고를 수시로 반복해야 하는 애로를 겪고 있다.

• 최근 들어서는 중국의 경기부진과 중국 자동차업체의 저가 공세로 인해 자동차 판매물량이 감소하여 제품의 가격인하까지 단행하고 있다. 이로 인한 여파로 자동차 관련 협력업체 또한 공장가동률이 떨어지고 있지만 9월부터 자동차 판매량이 예년 수준으로 회복하고 있다. 향후에 자동차 판매시장이 회복이 된다면 현대차 제5공장이 진출하는 중경지역은 자동차 관련 협력업체들을 중심으로 활발하게 진출할 것으로 예상되고 있다.

• 섬서성 서안(西安)은 2014년 삼성반도체가 진출한 이후 반도체 관련 협력

업체와 장비 유지 보수 업체를 중심으로 진출해 있으며, 반도체 이외의 업종은 지역의 산업기반이 취약하기 때문에 아직은 진출이 활발하지 않은 상태이다.

• 동북 3성(요녕성, 길림성, 흑룡강성)은 아직 한국 기업이 많이 진출하지 않은 지역으로 농업(농기계, 농약, 비료 등) 및 식품가공 기업이 진출하기에 적합한 지역이다.

• 업종별로는 음식업종의 경우에는 외국인에게는 상가 소유가 금지되기 때문에 영업이 잘되면 잘 되는대로 건물주의 터무니없는 임대료 인상요구에 시달리게 마련이다. 화학업종의 경우에는 금년에 천진항에서 대형 폭발 사고가 발생한 이후 수출입 규제가 강화되고 있다. 모 기업은 지난 몇 년간 아무런 문제없이 화학제품 수출입을 해 왔는데 최근에 규제가 강화된 이후에 수출허가를 제때에 받지 못해 막대한 체선료를 부담해야할 상황에 처하기도 했다. 평소에는 아무런 문제가 없다가도 문제가 생기면 온갖 관련 근거로 문제를 제기하기 때문에 평소에 관련규정을 숙지하고 대비를 하는 것이 필요하다. 정상적으로 경영을 하는 경우에도 이러한 상황인데 청산하거나 철수하는 경우에는 더 큰 어려움이 따른다.

이처럼 전 산업분야에서 중국의 경기 부진과 더불어 중국 기업의 성장, 저가 공세, 인건비 상승, 환경규제 강화, 외국투자기업의 혜택 축소 등으로 중국 진출기업의 경영여건은 점점 더 악화되고 있다. 결국 이러한 어려움을 극복하기 위해서는 제품의 경쟁력과 서비스를 향상시키고, 신제품 개발 등으로 활로를 찾을 수밖에 없다. 앞으로 중국에서 철수하는 기업 또한 증가하리라고 예상되기 때문에 철수기업에 대한 권익보호에 더 많은 관심과 지원이 필요할 것으로 예상된다.

〔 중국의 중소기업이 처한 상황 〕

우리 기업의 상황이 이러할진대 중국의 중소기업은 어떤 상황인지 알아보려고 해도 신문과 방송에서는 관련된 내용이 보도된 적이 없었고, 인터넷을 통해서 관련 사례를 찾을 수 있었다.

• 2014년 12월 휴대전화 부품업체로 유명한 소주(蘇州)의 연건(聯建)과기 공사가 도산을 선언한 이후 관련 회사인 동관(東筦)의 만사달(萬事達, 완스다)공사와 연승(聯勝, 리앤성)공사가 연쇄 도산했다. 연건과기공사는 애플의 협력업체이고, 샤오미(少米)와도 몇 년간 합작관계를 유지했다. 호황기에는 직원이 2만 명에 이를 정도였으나 도산직전에는 3천명 수준이었으며, 만사달과 연승은 도산 당시 7천명 이었다. 연건과기공사가 도산한 계기는 애플의 판매량이 늘어남에 따라 iPhone 4용 생산설비를 확충했으나 애플이 iPhone 5와 iPhone 6용으로 성능이 향상된 부품을 요구함에 따라 기술이 낙후되고, 품질 수준과 생산원가를 요구사항에 맞출 수가 없어서 결국은 애플의 부품 공급상에서 제외되어 도산하고 말았다.[134]

---

134) 제조업 도산물결, 등신재경(騰訊財經, 텐센트), 2015.2.9

이러한 현상은 비단 중국 업체에만 국한된 것이 아니라 휴대전화, 가전제품 등 경쟁이 치열한 분야와 수시로 모델이 변경되는 제품 분야에서 한국의 대기업과 협력 중소기업 간에도 종종 발생하는 사례이다.

- 애플 휴대전화는 중국에서 생산하고 있지만, 애플 휴대전화 1대의 이윤 중에서 미국이 49%를 가져가고, 일본이 30%대, 한국이 10%대를 가져가면 중국에 남는 이윤은 3.63%에 불과하다고 한다.[135]

- 세계 최대의 중소선박 제조업 기지인 절강성 태주(台州)는 2012년경에 80%의 기업이 조업을 중단한 상태라고 한다.[136] 세계 조선시장의 불황으로 전년도부터 조선기업의 도산현상이 나타나기 시작했으며 전국의 도산 기업이 이미 천개를 넘어 섰다. 현재 조선기업의 생존상황은 1/3만 정상상태이다.[137]

- 최근 3~4년 동안 인터넷 공동구매가 폭발적으로 성장하여 전국의 공동구매 인터넷 사이트가 2년 전에는 1만개에 이르렀으나, 대부분 도산하여 2015년 1월에는 213개만 살아남았다.[138]

- 절강성 온주(溫州, 원저우)는 안경, 신발, 라이터 등 잡화의 대표적인 생산

135) 제조업 도산물결, 등신재경(騰訊財經, 텐센트), 2015.2.9
136) 랑함평, 불경기하의 희망, 2014.7, p22
137) 2015년 파산에 직면한 10대 업종, www.ceconlinebbs.com
138) 2015년 파산에 직면한 10대 업종, www.ceconlinebbs.com

기지였으나, 현재는 제조 산업이 공동화 되었다고 한다. 경기악화에 따른 주문량 감소, 인건비, 재료비, 임대료 상승과 이윤율 저하 등이 원인이다.[139] 2010년에 2천여 개 기업이 영업면허를 취소하였고, 한때 6천여 개에 이르던 신발제조기업도 2013년 1분기에는 2천 7백여개로 줄어들었으며 그나마도 8백여 기업은 생산을 중단한 상태라고 한다. 2012년에 원저우 제조업의 60%가 파산을 했으며 GDP성장률은 절강성에서 최하위를 기록했다고 한다.[140]

• 주강(珠江)삼각주 공업구의 홍콩투자기업은 2011년 7만개의 공장이 있었으나 2012년말에는 5만개 정도가 남았으며, 2015년 말에는 3만 5천 개 정도로 줄어들 것으로 전망하고 있다.[141]

• 앞에서 소개한 홍콩 중문대학교 랑함평(郎咸平) 교수는 '벼랑 끝에선 중국경제'[142]라는 저서에서 "오늘날 중국 중소기업의 삶이 얼마나 고달픈지 알고 있는가? 중국의 수많은 중소기업은 여태껏 유래가 없는 수주 공포증에 시달리고 있다. 2008년 당시 중소기업이 주문을 받지 못해 어려움을 겪었다면 지금의 위기는 이들 기업이 차마 수주에 나서지 못하면서 발생한 것이다. 그 이유는 마진율이 고작 1~2%, 심한 경우 아예 돈 한 푼 쥐어볼 수 없다는 냉혹한 현실 때문이다. 이익이 대폭 감소한 것 외에도 자금 결

---

139) 제조업 도산물결, 등신재경(騰訊財經, 텐센트), 2015.2.9
140) 랑함평, 불경기하의 희망, 2014.7. p21. p28-29
141) 랑함평, 불경기하의 희망, 2014.7. p21
142) 책이 있는 풍경, 2012.10. p.400

제기한이 길다는 문제도 있다"고 평가 했다.

• 실제로 중소기업 중에서 은행대출을 받을 수 있는 기업은 전체의 3% 정도에
  불과한 실정이라고 한다.[143]

이상의 사례를 통해서 중국시장에서의 치열한 경쟁의 단면을 볼 수 있다.
2014년 중국 500대 기업의 영업수입[144]은 13.3% 증가한 반면에 이윤율은 8%
증가에도 미치지 못했다. 같은 해에 글로벌 500대 기업의 이윤율 증가가 27%
인 점에 비추어 보면 상당한 격차가 있다. 중국의 500대 기업 또한 이윤율이
높지 않은 상태이다.[145]

나. 기술혁신과 창조경제 실현

전 세계 보청기의 95%와 하루 65만 쌍의 치아 교정기가 3D 프린터로 만들
어 지고 있다고 한다. 의사들은 컴퓨터 단층 촬영으로 보청기 및 치과 틀니 공
정을 보다 쉽게 실행하고 있으며, 의족 및 의수까지도 훨씬 더 정교하고 환자
의 몸에 더욱 최적화되도록 만들어 낸다고 한다. 2013년에 미국 코넬 대학교
연구팀은 콜라겐과 살아 있는 연골세포가 들어 있는 바이오 잉크로 인공 귀를
만드는데 성공했다고 한다. 바이오 프린팅은 3D 프린터의 잉크를 티타늄이나
세라늄과 같이 딱딱하게 굳어지는 재질 대신, 살아 있는 세포로 찍어내는 기술

---

143) 임호열, 중국몽, 2013. 나남, p.95
144) 2014 중국기업 500강, 중국기업연합회,중국기업가협회, 2014.9.2
145) 인민망(人民網), 2014.9.2

이다.[146] 선진국은 하루가 다르게 새로운 기술을 개발하여 앞서 나가고 있다.

최근 언론에 보도된 자료[147]를 보면 우리나라의 미래 성장동력 기술이 세계 최고 수준인 미국에 3.8년 뒤쳐져 있는 것으로 나타났다. 2014년 정부가 중점 육성하겠다고 밝힌 미래 성장동력 분야는 5세대(5G) 이동통신, 스마트 카, 지능형 로봇, 지능형 사물 인터넷(IoT) 등 13개 분야이다. 분야별 미국(100%)과의 기술 격차는 아래 표와 같다.

분 야	기술상황	기술수준(%)	기술격차(년)
5세대 이동통신	선도	84.7	2.1
심해 해양플랜트	추격	75.2	5.6
스마트 카	추격	79.2	3.7
지능형 로봇	추격	74.8	4.2
웨어러블 스마트 디바이스	선도	82.5	2.9
실감형 콘텐츠	선도	83.1	2.8
맞춤형 웰니스 케어	추격	76.7	4.3
재난 안전관리 스마트시스템	추격	74.8	5.7
신재생에너지 하이브리드시스템	추격	78.5	4.0
지능형 반도체	선도	83.8	3.1
융복합 소재	추격	79.0	3.7
지능형 사물인터넷	추격	77.7	4.2
빅 데이터	추격	78.4	3.7

---

146) 앞으로 3년 세계트렌트, 한스미디어, 2014.12
147) 한국 미래성장동력기술, 미국에 3.8년 뒤처져, 연합뉴스, 2015.6.23

미국과의 기술격차가 많이 나는 분야로는 심해 해양플랜트(5.6년), 재난 안전관리 스마트시스템(5.7년), 맞춤형 웰니스 케어(4.3년), 지능형 사물인터넷(4.2년), 지능형 로봇(4.2년) 분야로 기술혁신을 통한 경쟁력 확보가 시급하다.

동아일보의 기사[148]에 따르면, 미국의 시장조사업체 톰슨로이터가 한국, 미국, 중국, 독일, 일본, 영국, 브라질, 러시아, 인도 등 10개국 9,427개 상장 제조업체를 대상으로 2010~2014년 평균 매출액 대비 매출원가 비중[149]을 분석한 결과 한국 제조업체의 매출원가 비중이 82.5%로 가장 높았다. 원자재비, 인건비 등을 합친 매출원가는 고정비 성격이 강해서, 고정비가 높으면 환율쇼크 등 경영환경 변화에 대응하기 힘들다. 원가가 높은 이유로 국내 기업들이 원천기술력이 부족해 가격 경쟁력에만 집중하여 외부환경변화에도 높은 가격을 받지 못하는 구조라는 것이다. 높은 매출원가 비중은 수익성 하락이라는 결과를 가져온다. 전체 국내 제조업계에서 부품, 장비기업의 비중은 81.4%로 일본의 88.8%와 비슷한 수준이다. 그러나 전체 제조업체의 영업이익에서 이 기업들의 영업이익이 차지하는 비중이 한국은 24.8%, 일본은 91.7%로 일본과는 상당한 격차가 있다. 국내 제조업체의 원천기술 확보를 위한 노력이 절실히 요구된다.

중국 정부 또한 국가 고기술(高技術) 연구발전계획(863계획)을 수립하고

---

148) 중기 원천기술 부족 불황, 환율에 속수무책, 동아일보, 2015.5.15
149) 프랑스 59.4%, 영국 60.9%, 독일 64.5%, 미국 66.0%, 인도 71.9%, 브라질 74.3%, 일본 75.0%, 중국 76.9%, 러시아 82.5%

2014년부터 5세대(5G) 이동통신, 가상현실 및 디지털 미디어 기술, 극소형 전자와 광전자 기술, 3D 프린터, 스마트 공장, 사물인터넷, 디지털 LED조명 기술 등의 개발과 지원에 박차를 가하고 있다.

우리 기업들이 기술혁신을 게을리 하다가는 전통산업 뿐만 아니라, 자칫하다가는 미래 성장산업 분야에서도 미국 등 선진기술에 뒤처지고, 뒤따라오는 중국에 치이는 현상이 조만간에 발생할 수 있다. 앞으로 3~5년의 시간은 미래에도 중소기업이 생존할 수 있느냐를 결정하는 중요한 시기이다. 중소기업도 미래 성장산업, 원천기술에 대한 투자와 기술개발을 확대할 필요가 있다.

앞으로는 선진기술과 디자인을 모방하는 형태의 기술개발로는 시장에서 살아남을 수 없다. 우리 이웃에는 모방이라면 우리보다 더 뛰어난 중국 기업이 있기 때문이다. 이는 우리기업이 앞으로 더욱 더 기술과 디자인 개발에 힘쓰고 지적재산권 보호뿐만 아니라 점점 더 거세질 기술유출 위험과 M&A 등에도 더 많은 신경을 써야 한다.

〔 중소기업의 일그러진 단면 〕

얼마 전 국내 언론기사[150]에 국내 화장품 업체가 이미 8천개 업체에 이르렀다고 보도된 바가 있다. 중국내에서 한류열풍에 힘입어 아모레퍼시픽, LG생활건강 등의 화장품이 인기가 있자 국내 중소기업이 너도나도 화장품 사업에 뛰어들고 있다는 것이 언론보도의 주요 골자이다. 2012년말 1,438개이던 화장

---

150) 너도나도 화장품, 어느새 8000개사, 한국경제, 2015.8.19

품업체[151]가 2015년 8월말 현재 7,898개 업체로 폭증했다. 이러한 특정 분야로의 쏠림현상은 우려스러운 일이다. 국가적인 자원과 재원의 대표적인 낭비 사례라고 볼 수 있다.

　중국에서 한국화장품이 인기가 있다는 소문에 따라 각종 전시회, 시장개척단 등등 명칭 여하를 불구하고 한국의 화장품 업체가 다수 참가하고 있다. 그러나 우리가 알아야 할 점은 중국 소비자들도 우리만큼이나 한국의 화장품시장에 대해서 잘 알고 있다는 점이다. 이제는 한국에서 유명한 브랜드가 아니면 거들떠보지도 않는다는 점이다.

　중국에 화장품을 수출하려면 '위생허가증'이 필요하고, 위생허가증을 받는데 6개월에서 1년 정도의 시간이 소요된다. 이러한 사정에도 불구하고 해외전시회 등에 '위생허가증'도 없는 화장품을 가지고 시장조사를 위해 참가하는 기업들이 부지기수이다. 최근에 모 협회에서 주관한 행사에서 확인한 결과 전체 참가업체 135개 업체 중에서 화장품 업체는 21개 업체(15%)로 그 중에서 위생허가증이 있는 업체는 9개 업체에 불과하였다. 절반이상의 기업이 위생허가증이 없는 상태에서 상담을 한들 무슨 소용이 있을까? 하는 우려와 탄식을 한 적이 있다. 중소기업 수출 지원기관들의 책임도 크지만 일부 업체들의 무분별한 사업 참여와 시장 진입 또한 문제이다. 앞으로는 지역전시회 등에는 위생허가증이 있는 업체만 참가하도록 제도를 개선하고, 업계 스스로 공동 브랜드를 도

---

151) 2013년말 4,942개, 2014년말 6,367개

입하는 등의 자구노력도 필요하다. 아울러 국가 재원의 낭비 현상을 줄이기 위해서 화장품 개발에 대해서는 중소기업 기술개발자금의 지원을 제한할 필요가 있다고 생각한다.

다. 중국 시장 개척

〔 제조업의 중국진출 여건 〕

중국은 최근 5년간 최저임금이 2배 정도 인상되어 동남아 국가와 비교하여 인건비 측면의 비교 우위는 상실 되었다고 볼 수 있다. 그리고 환경규제를 강화하고, 외자유치를 위해 그동안 실시한 각종 우대정책이 대부분 폐지됨에 따라 신규로 제조업종이 중국으로 진출하기에는 많은 위험부담이 따른다. 중소기업이 대기업과 동반 진출하거나, 기술력이 있는 기업이 시장 확대를 위해 진출하거나, 자원과 연계된 기업이 진출하는 것은 성공할 가능성이 있으나, 국내에서 경쟁력이 없는 기업이 중국시장에 진출해서 성공할 가능성은 거의 없다고 보아야 된다. 앞부분에서 소개한 바와 같이 중국 정부에서 최근 3년간 발표한 자료를 토대로 소멸기업에 대한 추정을 해 본 결과, 2013년도에는 1,132만 개가 창업하고, 564만 개 업체가 소멸했다. 2014년도에는 1,293만 개가 창업하는 한편, 423만 개가 소멸했고, 2015년 상반기에는 685만 개가 창업하고 198만 개가 소멸한 것으로 추정된다. 최근 2년 반 동안 1천만 개가 넘는 업체가 소멸 했다. 중국 시장은 더 이상 제조업의 블루오션이 아니다.

- (제조업+α) 제조업으로 중국에 진출한 기업인 중에서 일부는 현지에서의 경험과 네트워크를 활용하여 한국 상품에 대한 유통업과 무역업을 병행하

여 나름대로 자리를 잡아가고 있다. 현지 진출기업으로서는 사업을 다각화할 수 있는 측면이 있고, 중국에 거점이 없는 한국의 중소기업 또한 믿을 수 있는 거래선을 확보할 수 있는 이점이 있다. 이러한 사업모델을 앞으로 확산시켜 나갈 필요가 있다고 생각한다.

중국 제조업의 문제는 중국 정부에서도 인정하듯이 '크지만 강하지 않다(大而不强)'는 점이다. 중국이 제조한 선반이 세계 생산량의 38%를 차지하고 있지만 고급 수치제어 선반은 수입하고 있으며, 세계 최대의 철강 생산 국가이지만 항구의 기중기에 사용되는 와이어 케이블(Wire Cable)은 수입하고 있다. 또한 세계 최대 알루미늄 생산국이지만 항공기에 사용되는 알루미늄은 수입하고 있는 실정이다[152]. 아이러니가 아닐 수 없다. 한국의 중소기업이 이러한 틈새시장을 개척하려면 세계적인 기술수준을 갖춘 외국기업들과 경쟁해서 이길 수 있는 기술력을 갖추어야 한다. 그렇지 않으면 구경만 하고 침만 흘릴 수밖에 없다. '이솝우화'에 나오는 여우처럼 포도를 먹을 수 없으니까 포도가 시다고 할 수 밖에 없는 상황이다. 중국에 진출해서 나름대로 안정적으로 운영하고 있는 중소기업 사례를 들어 본다

- 서안 화천통신 : 중국 서안에 12년 전에 진출했으며, 한국 본사는 코스닥 등록업체인 KMW이다. KMW는 통신장비분야 제조 기업으로 125건의 특허를 보유하고 있으며, 스포츠 LED분야에 신규로 진출하여 성과를 올리

---

152) 등신재경(騰訊財經, 텐센트), 2015.2.9

고 있다. 서안 화천통신은 근로자용 기숙사를 무료로 제공하고 있으며, 현지 직원 6백여 명 중 70여 명을 1년에 3개월 정도로 본사에서 연수를 실시하고 있다. 이러한 노사관리 결과 회사설립 초기에 30%에 이르던 이직율이 3% 내외로 줄어들었으며, LED 조명분야로 사업을 확대해 나가고 있다.

대부분의 지방도시가 그런 것은 아니지만 앞에서 소개한 홍콩 중문대학교 랑함평(郎咸平) 교수의 지적을 귀담아 들을 필요가 있다. 그는 '벼랑 끝에선 중국경제[153]'라는 저서에서 "오랫동안 외자를 유치한 중국이지만 겉으로 드러나는 실적에만 급급하고 모양새만 따지기 일쑤다. 중국의 외자 유치 과정은 한 편의 사기결혼을 떠올리게 한다. 외국 투자자를 꼬드기기 위해 처음에는 무슨 조건이든 다 들어주겠다고 약속하지만 실제로 외국 투자자가 중국에 공장을 짓고 나면 중국 지방정부의 행방이 갑자기 묘연해지면서 외자 유치 프로젝트도 막을 내린다."고 한다.

• 강소성 염성시(江蘇省 鹽城市) 사례

한국 기업 유치와 지원에 있어서 우수사례로 최근에 방문한 적이 있는 강소성 염성시를 소개하고자 한다. 염성시 인구는 8백만 명 정도 이고 한국의 기아자동차와 현대모비스 그리고 자동차 협력업체 등 한국기업이 600여개가 진출해 있다. 기아자동차는 금년에 75만대 생산을 목표로 하고 있으며, 염성시 GDP의 60~70%를 담당하고 있을 만큼 한국 기업의 기여도

---

153) 책이 있는 풍경, 2012.10, p.157

가 크다. 도로 안내표지판 에는 한국어가 병기 되어 있고, 개발구(開發區) 공무원들은 명함까지 한국어로 만들만큼 성의가 대단하다. 개발구에서 3천만 위안을 들여서 외국인 학교를 개설하여 운영하고 있으며, 택시와 지방정부의 관용차로 기아차를 활용하고 있을 만큼 기아자동차와는 끈끈한 협력관계를 유지하고 있다. 지방정부의 공무원들이 이웃 도시에 기아자동차 판매촉진 활동을 펼치는가 하면, 최근에는 기아자동차 판매가 부진하자 차량 구매자에게는 시정부에서 보조금을 지원하고 있다. 또한, 현지 진출 기업의 자금부족 문제를 해결하기 위해 지방정부 차원에서 자금지원 프로그램을 도입하고 있다. 이 정도로 협력관계가 유지된다면 한국 중소기업이 진출하더라도 큰 어려움 없이 정착할 수 있을 것으로 여겨진다. 앞으로 틈새시장 개척을 위해 오랜 협력기반이 있는 지방 도시에는 진출 업종을 다변화하는 방안도 추진할 필요가 있다.

〔 내수시장 개척 〕

중국의 지방도시, 특히 2, 3선 도시의 경우에는 지방정부 공무원들이 한국 기업 유치를 위해 많은 노력을 하고 있다. 많은 지방정부에서 한국제품 판매를 위한 한국성(韓國城), 보세(保稅)물류 판매장을 건설하고 있지만 성공하는 경우는 거의 없다고 보여 진다. 부동산 개발상(開發商) 또는 현지에 진출한 일부 한국인의 투자권유에 현혹되어 성급한 결정을 하면 큰 손해로 이어질 수밖에 없다. 중국의 지방도시를 다녀본 결과 곳곳에 한국기업인들이 비싼 수업료를 지불한 흔적들을 확인할 수 있었다. 중국인들은 상품을 구매할 경우에도 세 곳의 가격을 비교해 본다(貨比三家)는 말이 있을 정도로 신중을 기하고 있다. 하물며 거액의 자금이 필요한 투자의 경우에는 과시욕이나 일시적인 흥분, 개인적인 친분으로 결정을 할 일이 아니고 더욱더 신중을 기할 필요가 있다. 상가의 경우에는 진출여건, 입지, 유동인구 등을 사전에 면밀히 검토할 필요가 있으며, 현지에 진출한 지원기관 또는 현지에 진출해서 자리를 잡은 기업인의 자문을 받는 것이 필수적이다.

미래학자 최윤식은 '2030대담한 미래2[154]'에서 "앞으로도 중국은 거대한 시장이다. 경제성장도 계속되고, 도시화도 더 진행되고, 근로자의 임금도 높아져서 중국 내수시장의 물리적인 크기는 계속해서 커질 것이다. 그러나 체감하는 실제적인 시장의 크기는 다른 나라와 비슷해진다. 앞으로는 시장이 커지는 속도보다 경쟁자가 늘어나는 속도가 더 빠를 것"으로 평가하고 있다.

중국에서 내수시장 개척은 정말 어려운 과제중의 하나이다. 한국의 유통업체인 이마트와 롯데마트가 중국에 진출했지만 이마트는 일부 매장을 정리하는 단계이고, 롯데마트도 중국 전역에 103개 매장을 개설했지만 아직까지 뚜렷한 성과를 거두지 못하고 있는 것 같다. 그만큼 중국 내수 유통시장의 두꺼운 벽을 뚫기가 쉽지 않다. 특히, 한국의 중소기업 소비재 제품이 중국 내수시장에 진출하는 데는 크게 두 가지 어려움이 있다고 생각한다. 첫째는 한국 중소기업의 소비재 제품의 차별성이 아직 부족하다는 점이다. 명품 브랜드 제품도 아니거니와 가격이 저렴한 것도 아니며 막상 중국시장에서 판매하려고 해도 팔릴

---

154) (주)지식노마드, 2014.9, p187-188

만한 제품이 부족하다는 점이다. 둘째는 중국의 일반적인 소비자가 소비하기에는 가격대가 높다는 점이다. 품질은 분명히 중국 제품 보다는 좋지만 현지에서 판매되는 가격은 한국보다도 훨씬 비싸기 때문이다. 중국 여행객들이 한국에 와서 화장품과 전기밥솥을 구매하는 이유는 가격도 중국 현지보다 저렴하고 진짜 제품을 살 수 있기 때문이다. 그나마 한류 열풍으로 한국에 대한 이미지가 좋아졌을 뿐만 아니라 한국 제품에 대한 선호도가 높아진 것이 다행이라고 생각한다. 중국에서 인기를 끌고 있는 품목으로는 화장품, 전기밥솥, 원액기(주서기), 우유, 과자류 등으로 손꼽을 정도이다. 따라서 중국 소비재 시장을 목표로 하는 특화된 제품을 개발할 필요가 있다.

지역적으로는 그동안 북경, 천진, 상해와 산동성 등 동남부 연안지역에 많이 진출했고, 서부내륙 지역은 아직 진출 초기단계이다. 섬서성 서안은 삼성반도체가 진출한 이후에 교민이 4천여 명에 이르렀으며, 나머지 내륙지역인 사천성 성도, 하남성 정주, 중경 등은 아직까지 교민이 4~5백명 수준으로 그중에 절반정도는 유학생이라고 한다. 내몽고는 인구가 2천 5백만 명 정도이고 지하자원이 풍부한 지역이지만 아직까지 한국기업이 진출하지 않은 미개척지이다. 앞으로 대도시 보다는 2~4선 도시를 중심으로 중국 내수시장 개척에 더 많은 노력을 기울일 필요가 있으며, 아직은 한국에 대해서 호감도가 높기 때문에 앞으로 발전의 여지 또한 크다고 보여진다.

중소기업청에서는 중국 공업신식화부와 업무협력 MOU를 체결하고 매년 정기적인 정책교류회를 개최하고 있다. 또한, 서부내륙시장과 틈새시장 개척을

지원하기 위해 섬서성과는 2013년 11월에 업무협력 MOU를 체결하고 2014
년 4월에 서안에 중소기업지원센터를 개소하였다. 금년 9월에는 '한·중 중소
기업산업원'으로 함양시 고신구(A, B구역)와 고릉 중소기업단지를 지정했다.
함양시 고신구는 서안공항과 가까운 지리적인 이점이 있고, 고릉 중소기업단
지는 아파트형 공장으로 입주 1년차에는 임대료를 면제하고, 2년차에는 임대
료의 50%를 감면 받을 수 있는 이점이 있다. 금년 3월에는 중소기업청과 흑룡
강성간에 업무협력MOU를 체결했으며, 후속조치로 10월에 중소기업기술혁신
협회 하얼빈사무소를 개설했다. 앞으로 요녕성, 내몽고자치구, 중경시 등과도
협력하여 진출기업에 대한 지원을 강화할 계획을 가지고 있다. 또한, 중소기업
청에서는 중소기업중앙회를 통해 업종별 단체, 협회가 해외전시회, 국제박람
회 등에 참가할 수 있도록 지원하고 있다. 금년도에는 중국에서 개최되는 50
개의 국제전시회에 한국의 중소기업이 참가하고 있다. 내년에는 서부 내륙지
역에 대한 참가를 확대하여 더 많은 성과를 거두기를 기대한다.

　중국 내수시장 개척에 성공한 사례로 국내언론[155]에 자주 소개되는 업체로는
휴롬, NUC전자, 쿠쿠전자 등이 있다.

• 휴롬은 원액기(주서기) 단일제품으로 지난해에 국내외에서 총 3천억원 규
　모의 매출액을 달성했다. 해외 매출 비중은 70%로 약 2,100억 원의 매출
　을 올렸으며, 이중에서 중국 수출이 전체 매출에서 50%의 비중을 차지한

---

155) 휴롬, 쿠쿠 등 소형가전, 중국틈새시장 속 매출 쑥쑥, 아주경제, 2015.8.24

다. 휴롬은 고급 브랜드 이미지 구축을 위해 6백여개의 휴롬 매장이 중국 내 백화점에 입점해 있다고 한다. 후발주자인 NUC전자 또한 상해에 판매 법인을 설립하고 꾸준한 성과를 올리고 있다.

• 쿠쿠전자의 밥솥은 중국 관광객들이 한국에서 반드시 사야할 리스트에 오르는 등 인기를 끌고 있다고 한다. 8백여 개의 중국 현지매장을 운영하고 있다. 과거에 한국 관광객이 일본에 가면 일본의 코끼리 밥솥을 사듯이 중국 관광객 또한 비슷한 상황이 벌어지고 있다.

프랜차이즈로는 카페베네를 비롯한 커피전문점, 설빙 등 다양한 한국의 프랜차이즈 기업이 중국에 진출하고 있다. 중국에는 80개 업체에서 1,505개의 매장을 프랜차이즈 형태로 운영하고 있다고 한다. 그러나 한국의 프랜차이즈 가맹본부 중에서 3~4%만이 해외에 진출하고 있어 아직은 산업적인 측면에서 더 적극적인 해외 진출이 필요하다고 한다.[156]

• 가장 많이 진출한 유형으로는 '마스터 프랜차이즈'로 BBQ, 불고기브라더스, 썬앳푸드 등이 대표적이라고 한다. 이는 한 브랜드가 해외의 특정국가 또는 지역에 진출하고자 하는 사업자에게 일정기간 지역 본사로서의 권리를 부여하고, 그에 따른 수수료 및 로열티를 제공받는 방식이다. 투자비용이 절약되며 실패에 대한 리스크가 크지 않아 가장 선호되는 방식이라고 한다.

156) K-프랜차이즈 신드롬 글로벌브랜드로 새로운 도약, 이코노믹리뷰, 2015.9.3

- 두 번째 유형으로는 '직접 진출'형태로 파리바게뜨, 롯데리아, 비비고 등
  이다. 건설 및 업체 운영에 필요한 모든 비용을 본사가 부담하는 방식으로
  현지에 대한 충분한 시장조사가 필요하다.

- 세 번째 유형으로는 '개별 프랜차이즈' 형태로 본촌치킨, 대호가 등이 있으
  며, 개인 또는 법인과의 프랜차이즈 계약을 통해 해외지역의 점포를 운영
  하도록 하는 방식이다.

- 네 번째 유형으로는 '기술전수 진출'형태로 명동칼국수, 처갓집양념치킨,
  빵굽터 등이다. 해외 현지에서 영업을 하고자 하는 사업자에게 영업에 필
  요한 일체의 기술을 전수하고 상호 및 운영방식을 사용하도록 허가하는
  방식이다. 본사는 기술이전 시 필요한 비용을 사업자에게 부담하도록 하
  고, 이후에는 해당 매장의 경영 및 영업방식에 관여하지 않는 방식이다.

한편, 제품은 우수하지만 독자적으로 중국시장을 개척하기 어려운 중소기업
의 판로 개척을 지원하기 위해 중국에 '중소기업제품 정책매장'을 운영하고 있
다. 정책매장이라고 모두 성공하는 것은 아니고, 정책매장 운영업체의 능력,
네트워크 역량, 열정이 중요한 성공요인이다. 그동안 북경과 청도, 정주에 정
책매장을 운영하였으나 청도의 경우에는 실적이 저조하여 금년 상반기에 폐쇄
하였다. 앞으로 위해, 심양에도 정책매장을 확충할 계획이다. 또한 정책매장이
중국 내수시장에 진출하기 위한 명실상부한 플랫폼의 역할을 할 수 있도록 온·
오프라인의 기능과 역할을 강화해 나갈 계획이다. 중국 현지에 거점 또는 거래

처가 없는 중소기업이 많이 활용하기를 기대한다.

- 북경 중소기업제품 정책매장은 롯데마트 공익서교점에 2014년 1월에 개소하여 성과를 거두고 있다. 101개 업체의 630여 품목을 취급하고 있으며, 금년에는 두리화장품의 한방샴푸를 VIP.com 등 3개 온라인 쇼핑몰에 등록하여 판매하고 있으며, (주)아이니 등 7개 업체의 제품을 홈쇼핑 판매로 연결시켜 1회 방송으로 360만 위안(6억 5천만원 상당)의 판매실적을 올리기도 했다

정책매장 외부	정책매장 내부

중소기업청과 중소기업진흥공단은 중소기업의 중국 진출과 내수시장 개척을 위해 섬서성 서안과 산동성 청도에 중소기업지원센터를 운영하고 있다. 이와는 별도로 북경(코트라), 상해(코트라), 광동성 광주(코트라), 사천성 성도(코트라), 섬서성 서안(중소기업진흥공단)에 중소기업 수출BI (Business Incubator)를 운영하고 있다.

- 주식회사 씰테크(SEALTECH)는 반도체와 특수산업용 O-RING, SEAL

을 생산하는 기술혁신형 중소기업(INNO-BIZ)으로 삼성반도체의 협력업체이기도 하다. 2013년부터 미국 실리콘밸리에 지사를 운영하고 있으며 서안 수출BI에 입주하여 삼성반도체 등 섬서성 지역에서 새롭게 시장을 개척하고 있다. 2014년에 매출 90억원을 달성한 이후 금년에는 빠른 성장세를 이어가고 있다고 한다. 세계 최고의 제품을 중국제품 가격으로 공급해야 만이 중국시장에서 살아남을 수 있다고 강조한다. 욕창 예방용 방석은 2009년에 세계 일류상품 인증을 획득하였으며, 매트리스 등 관련분야로 제품군을 다양화 하고 있다.

• 호서대 위해(威海) 창업보육센터는 지난 1999년에 진출하였으며, 대부분의 창업보육센터가 사무실 임대를 위주로 하고 있는데, 공장형 BI(Business Incubator)를 운영하고 있다는 점이 특색이다. 그동안 100여개 업체를 성공적으로 졸업시켰으며, 현재 16개 업체가 입주해서 공장을 가동하고 있다.

본격적으로 중국에 진출하기에 앞서서 시장조사, 마케팅, 법인설립 준비 등을 위해 중소기업 수출BI를 적극적으로 활용할 필요가 있다.

라. 인도 등 미개척시장 진출 확대

중국의 인건비 상승 등 경영여건 악화로 인해 글로벌 기업 등이 생산기지를 베트남, 말레이시아, 인도 등으로 이전을 하고 있다. 최근에는 중국의 휴대폰 시장이 포화상태에 이름에 따라 삼성전자, 팍스콘 등 휴대폰 제조업체는 앞다투어 인도시장으로 진출하고 있다. 대외경제정책연구원의 연구결과[157]에 따르면, 2014년 10월 기준 인도에 진출한 한국기업은 총 658개로 대기업 188개, 중소기업 298개와 개인사업자라고 한다. 인도인들은 한국 제품 사용을 통해 한국을 인지하는 정도가 상대적으로 높고, 일본 기업인 소니 및 도요타보다 삼성, LG, 현대 등 한국 기업을 상대적으로 높게 인지하고 있다고 한다. 이런 긍정적인 이미지는 우리 중소기업들이 적극 활용할 필요가 있다. 우리 기업들은 진출 초기부터 생산기지 보다는 인도 내수시장 진출을 목적으로 투자한 기업들이 대부분이고 경영실적 또한 다른 나라에 투자한 경우보다 상대적으로 양호한 점도 강점이라고 분석하고 있다.

하지만, 동 보고서에 따르면 현지에 진출한 중소기업은 정보획득, 인도 현지의 복잡한 행정체계와 열악한 인프라, 부지 확보의 어려움, 문화적 차이, 허가기관 및 투자파트너의 잦은 태도 변화, 현지 금융, 비자문제 등에서 어려움을 겪고 있으며, 이러한 요인들이 인도 진출 확대를 저해하는 요인이라고 분석하고 있다. 앞으로 '민·관 중소기업 협력센터'의 설치를 제안하고 있다.

- 일본은 2014년 10월 인도에 '재팬 플러스(Japan Plus)'라는 일본의 대인도 투자촉진기구를 설치했다고 한다. 일본의 경제산업성 공무원 3명과 인도 상공부 공무원 2명으로 구성된 '재팬 플러스'는 일본의 대기업은 물론 중소기업의 대인도 투자를 적극 지원하고 있다.

---

157) 인도의 중소기업 육성정책과 한.인도 협력확대 방안, 2015, p.76, p.89, p.105, p.115-116

중국시장을 대체할만한 시장으로 인도가 부상함에 따라 중소기업들도 대기업이 진출한 뉴델리, 첸나이, 뭄바이 등을 중심으로 인도시장에 대한 관심을 가질 필요가 있다. 정부차원에서도 장기적으로 인도에 '중소기업 협력센터'설치를 적극적으로 검토할 필요가 있다고 생각한다.

중국 청화(淸華)대학의 염학통(閻學通)교수는 '역사의 관성[158]'이라는 저서에서 현재의 인도 경제는 전반적으로 중국보다 8년 뒤쳐진 것으로 평가한다. "2012년 인도의 총 경제규모는 1조 8천억 달러로 중국의 1/4에 미치지 못한다. 인도의 대외개방도는 매우 낮으며, 외국 기업의 진출을 엄격히 통제하고 있다. 가장 대표적인 것이 허가제다. 인도는 허가제를 두어 기업가가 공장을 짓거나 생산라인을 만들고 기술을 도입할 때 반드시 정부의 허락을 받도록 규정하고 있다. 모든 단계에서 정부의 허락을 받아야 하기 때문에 허가를 내주는 관료를 중심으로 사회적 네트워크가 형성된다. 외국기업이 이런 네트워크를 파고들기는 쉽지 않다"고 평가하고 있다. 또한, "현재 인도는 세수와 토지매입 면에서 엄격하고 복잡한 정책을 취하고 있다. 인도에서 기간시설 사업을 완성하려면 중국보다 2배가량의 시간이 더 소요 된다"고 한다.

한편 미래예측 정보회사인 스트라포닷컴(Strafor.com)은 '포스트 차이나 16[159]'을 선정했다. 이 국가들은 앞으로 중국을 대신해 세계의 공장으로 성장할 것으로 전망하고 있다. 이 국가들은 탄자니아, 케냐, 우간다, 에티오피아, 인

---

158) 글항아리, 2014.2, p200-202
159) 트렌즈지 특별취재팀, 10년후 시장의 미래, 2014, 일상이상, p.78-79, p.84-85

도네시아, 미얀마, 방글라데시, 베트남, 라오스, 캄보디아, 필리핀, 페루, 도미니카공화국, 니카라과, 멕시코이다. 이들 국가는 의류에서 신발, 전자부품 조립에 이르기까지 초기 단계의 산업 성장에 필요한 설비를 갖추고 있다. 더 중요한 것은 이들 국가는 더 높은 경제 성장률을 이루는데 걸림돌이 되는 장벽이 거의 없다고 한다. 이들 포스트 차이나 16은 저임금의 저개발국가로서 제조업 분야에서 급격한 성장을 이룰 것으로 전망하고 있다. 스트라포닷컴이 예측한 국가 중에서 동남아 국가를 소개한다.

- 인도네시아는 엄청난 노동력과 거대한 내수시장을 보유하고 있다. 수백 개의 섬이 고루 분산되어 있고, 월 급여가 80달러에서 225달러 정도이다. 전통적으로 에너지 분야 외 투자가 자카르타를 중심으로 집중되어 왔다. 그러나 현재 변화를 맞고 있다.

- 미얀마는 월 평균 급여가 40달러이다. 제조 산업 경험은 부족하지만, 5천 9백만명이 글을 읽고 쓸 수 있다.

- 베트남은 거대한 젊은 노동인구뿐만 아니라, 저가 상품을 소비할 수 있는 거대한 내수시장도 갖고 있다. 월 평균 급여는 80달러에서 100달러이다.

- 필리핀의 월 평균 급여는 80달러에서 250달러이며, 글을 읽고 쓸수 있는 노동자들로 넘친다. 가까운 미래에 새로운 에너지를 발굴할 수 있고, 필리핀에 또 다른 경쟁력을 부여해 줄 것이다.

마. 정부 등 지원정책의 강화

중국에 진출한 기업의 경우 법률적으로는 중국의 법인이기 때문에 한국 정부 또는 한국의 금융기관으로부터 직접적으로 금융지원을 받을 방법이 거의 없다. 한국에 본사가 있는 경우에는 본사를 통해서 자금지원을 받을 수 있지만, 한국에 본사가 없이 중국 현지에서 창업을 한 경우에는 많은 어려움이 있다. 중국 현지에 진출한 국내 금융기관의 역할을 강화해서 현지에 진출한 기업, 창업한 기업에 대한 금융지원을 강화해 나갈 필요가 있다. 중국의 경기부진이 지속될 경우, 현지 진출기업의 일시적인 자금수요 또한 급증할 것으로 예상된다.

국민은행은 북경, 상해, 소주, 하얼빈에 진출했으며, 하나은행은 북경, 상해, 천진, 광주, 청도, 연대, 장춘, 하얼빈, 심양, 대련, 남경, 서안에 12개 분행이 있다.

중국의 지방 성(省)정부에는 대외경제협력과 외자유치 등을 담당하는 상무청 또는 대외경제무역합작청 이라는 기관이 설치되어 있으며, 시(市)정부에는 초상국(超商局)이 있다. 중국에 와서 만나 본 지방정부의 초상국 공무원들은 대부분 최소한 한두 번 정도는 한국을 다녀온 경험을 가지고 있어서, 우리보다 공무원들이 더 국제화 되어 있다는 느낌을 받았다.

 • 최근에 만나 본 위해시(威海市) 부시장의 경우에는 투자유치업무를 담당하면서 한국에 70여 차례 방문을 했다고 한다.

• 한국기업 유치에 적극적인 강소성(江蘇省)의 경우에는 서울에 염성시 사무소와 동태시 사무소를 운영하고 있을 정도이다.

많은 중소기업이 해외에 진출해 있음에도 불구하고 중소기업을 지원하는 중앙행정기관인 중소기업청의 경우 해외주재관이 중국 대륙에 한 명이 상주하고 있는 상황과는 확연히 차이가 있다.

중국은 역사적, 문화적으로도 공무원이 막강한 권한을 행사하고 있으며 그러한 상황을 일반시민과 기업인들은 당연한 것으로 여기고 있다. 현지 진출 중소기업의 애로사항을 해결하기 위해서는 한국의 공무원이 중국의 공무원을 상대해야 상호간에 신뢰감을 심어줄 수 있고, 대등한 관계에서 협상이 가능해진다. 또한, 중국의 기업인을 만날 경우에도 한층 더 강한 신뢰감을 심어줄 수 있다. 대외경제정책연구원이 연구한 자료[160]에 따르면 2014년 6월말 기준으로 중국에 진출한 중소기업은 1만 2,286개라고 한다. 또한 관세청 자료에 따르면 중국에 수출하는 수출 기업수는 2014년기준으로 3만 1,173개라고 한다. 정부 부처 간, 정부투자기관 간의 이해관계를 떠나서 중국에 진출한 중소기업의 권익을 보호하고, 국가 이익을 지킨다는 측면에서 어떤 부처와 기관에서 중국에 더 많이 진출해야 하는지의 판단은 독자들의 몫으로 남겨둔다.

행정학이론에 '가외성(Redundancy)이론'이 있다. 능률성과는 반대되는 개

---

160) 인도의 중소기업육성정책과 한·인도 협력확대방안, 2015, p.82

념이지만 '행정에서의 중첩성'을 의미한다. 국방, 안보, 정보 분야 등에는 불확실한 상황에서 오류의 발생을 방지하고 행정의 신뢰성과 안정성을 높이고 행정의 실패를 줄인다는 점에서 기능의 중복성 또한 타당성이 인정된다. 지금은 경제 전쟁 시대이며, 중국에서는 앞으로 점점 더 치열한 상황이 전개될 것으로 전망된다. 중국은 4개 직할시, 22개성, 5개의 자치구, 2개의 특별행정구로 구성되어 있다. 산동성의 호랑이도 인근의 성(省)에 가면 고양이도 못 당한다는 중국이다. 어느 한 부처와 한 기관이 전담해서 중소기업의 해외진출과 철수, 내수시장 개척, 정보 제공 등을 원활하게 수행할 수는 없다고 생각한다. 따라서 다양한 지원기관이 중국 현지에 진출해서 효율적인 지원서비스와 협력활동을 펼치는 것이 필요하다고 생각한다. 지난 2008년에 해외 중소기업 지원기관 효율화방안을 시행하여 중국 현지의 중소기업 지원업무는 코트라가 전담하고, 중소기업진흥공단은 중국에서 철수를 하게 된다. 2008년 정책결정 당시와 지금은 상황이 너무나 많이 변했다. 앞으로는 중소기업이 중국에 투자를 하는 것이 아니고 내수시장, 틈새시장을 적극적으로 개척해야 할 시기이다. 중소기업은 1, 2선 도시 뿐만 아니라 3, 4선 도시까지 중점적으로 개척해 나가야 하며, 이제까지의 일회성, 전시성 행사로는 중국의 내수시장 개척에 한계가 있을 수밖에 없다. 국가이익을 최우선적으로 고려하여, 이미 수립하여 시행하고 있는 정책도 시대상황의 변화에 맞추어 개선해 나가는 지혜가 필요하다. 앞으로 많은 제도개선과 해외에 진출한 기업, 해외시장 개척에 대한 정책적인 지원의 강화가 필요하며 아울러, 범정부적으로도 관련 지원정책을 강화해 나가고 있다.

바. 중소기업이 나아가야 할 방향

한국의 중소기업이 생존 할 수 있는 길은 기술혁신을 통해 '글로벌 강소기업' 으로 성장해 나가는 길 밖에는 없다고 본다. 기술혁신에는 기술혁신의 방향성 과 속도감이 중요하다고 생각한다. '중국 제조 2025 전략'을 소개하는 이유도 발 빠르게 추격해 오는 중국의 기업들이 앞으로 10년간 어떠한 방향으로 나아 갈지를 한국의 중소기업에게 소개함으로써 한발 빠르게 앞서 나가기 위함이 다. 최근에 제약업체인 한미약품이 당뇨병 치료제를 개발하여 5조원 규모의 기술수출계약을 체결한 사례도 있듯이 한국의 중소기업은 관련 분야의 경쟁기 업인 일본과 독일의 중소기업보다도 더 뛰어난 기술수준을 확보해야 생존할 수 있다. 중소기업이 스스로 해답을 찾고, 활로를 찾을 때 우리나라의 경제기 반 또한 탄탄해지고 경제적인 번영을 지속할 수 있다고 믿는다. 정부 또한 이 러한 중소기업의 노력에 아낌없는 지원을 펼칠 것이다.

부록.

중국에 관한 기본내용

부록. 중국에 관한 기본내용

❖ 중국 인구관련 통계

중국 국가통계국(国家统计局)이 금년 2월에 발표한 "국민경제 및 사회발전 통계공보"에 따르면 중국의 인구는 2014년말 기준으로 13억 6,782만 명이며 전년 대비 710만 명이 증가하였다. 매년 도시화 비율을 1%씩 높여 가겠다는 신도시화 정책에 따라 도시인구는 7억 4,916만 명(54.8%)으로 늘어났으며, 출생인구는 1,687만 명, 사망인구는 977만 명이다. 남성은 7억 79만 명, 여성은 6억 6,703만 명으로 남성이 여성보다 3천 4백만 명이 더 많다. 16세 이상 60세 이하의 노동연령 인구는 9억 1,583만 명으로 2013년 보다 371만 명이 감소했다.

〔빈곤한 상태에서 노령화사회로 진입〕

중국의 60대 이상 인구는 2억 1,242만명(15.5%)으로 그중에서 65세 이상은 1억 3,755만명(10%)으로 이미 노령화사회[161]에 진입했다. 선진국의 경우 부유해진 상태에서 노령화사회에 진입했지만, 중국은 1인당 GDP가 1,041달러로 독일, 영국 등의 1/20수준에서 노령화사회에 진입하여 노동인구 감소, 노인복지 등 많은 사회문제에 노출되어 있다.

〔농민공과 고립무원의 자녀들〕

2014년 말 취업인구는 7억 7,253만 명이며, 그중에서 도시 취업인구는 3억 9,310만 명이다. 지난해 신규 취업인구는 1,322만 명으로 도시에 등기한 실업률을 나타내는 도시등기실업률은 4%수준 이다. 일자리를 찾아 농촌을 떠나 도시에 취업한 농민공(农民工)이 2억 7,395만 명으로 이들이 농촌에 남겨둔 자녀들의 수는 6천 1백만 명에 이른다고 한다.

〔성인 네 명중 한 명은 고협압 환자〕

중국 국가위생계획생육위원회(国家卫生和计划生育委员会)에서 금년 6월에 발표한 "중국 주민 영양과 만성병 상황보고, 2015[162]"에 따르면 전국 18세 이상 성년 남성의 평균 신장과 체중은 각각 167.1㎝, 66.2kg, 여성은 155.8㎝, 57.3kg으로 과체중률이 30.1%, 비만률이 11.9%에 이른다고 한다. 6세에서 17세의 아동과 청소년의 과체중률과 비만률 또한 각각 9.6%와 6.4%로 선진 국가보다도 높다. 2012년 전국 18세이상 성인 중 25.2%가 고혈압, 9.7%가 당뇨병, 9.9%가 만성폐질환을 앓고 있다고 한다. 성인 4명중 한명은 고혈

---

161) 노령화사회란 총인구중 65세이상 인구비율이 7%이상인 경우를 말하며 중국은 10%에 이르렀음
162) 화상보, 2015.7.1

압, 10명중 한명은 당뇨병 환자(1억 1천만명)인 셈이다. 2012년 만성병으로
인한 사망률은 10만 명당 533명으로 사망인원 수의 86.6%를 차지하고 있다.
우유, 과일 등의 섭취량은 줄어들고 지방함량이 높은 돼지고기 섭취량 증가 등
식습관과 운동부족 등이 주요 원인인 것으로 분석하고 있다.

[학제 및 학생]

중국의 교육과정도 우리나라와 같은 초등학교(小学, 6년), 중학교(初中, 3
년), 고등학교(高中, 3년), 대학교육 과정으로 구성되어 있다. 중학교를 졸업
한 이후에는 일반 고등학교에 진학하거나 중등직업학교에 진학하여 기술교육
을 받는 과정으로 구분된다.

2014년 초등학교 졸업생이 1,477만 명, 중학교 졸업생이 1,413만 명이며,
중학교 졸업후 일반 고등학교에 진학한 졸업생이 800만 명, 직업고등학교, 기
술공업학교 등 중등직업학교 졸업생이 633만 명이다. 대학 및 전문대학 졸업
생이 659만 명이며, 대학원 졸업생이 54만 명이다. 일반 고등학교 졸업생의
대학진학률은 90% 정도에 이르고 있으며, 유치원 재학생이 4,050만 명이다.
2015년에는 대학이상 졸업생의 수가 749만 명이다.

❖ 경제지표 및 기업 현황

〔2014년 경제지표[163]〕

• GDP 성장 : 7.4%, 총생산액은 63조 6,463억 위안

• 1인당 가처분소득 : 20,167위안(10.1% 증가), 도시주민 28,844위안
(9.0% 증가), 농촌주민 10,489위안(11.2% 증가), 소득 5분위 가처분소득
50,968위안

• 소비품 소매 총액 : 26조 2,394억 위안(12.0% 증가), 화장품 10% 증가,
가구 13.9% 증가, 통신기자재 32.7% 증가, 자동차 7.7% 증가

• 소비지출의 GDP성장 기여율 : 51.2%

• 부동산 개발투자 : 10.5% 증가, 그중 주택투자 증가는 9.2%

〔2014년 기업 현황[164]〕

• 2014년 말 등록업체 누계 : 6,932만개
  − 기업 1,819만개(전년 대비 19% 증가), 자영업자 4,984만 개(전년대비
    12% 증가), 농민전업 합작사 129만 개(전년 대비 31% 증가)

---

163) 화상보, 2015.1.21
164) 국가공상행정관리총국, 2015.1.23

- 2014년 신규 등록업체 : 1,293만 개
  - 기업 365만 개, 자영업자 896만 개, 농민전업 합작사 31만 개
  - 산업별 :1차 17만 개(4.6%), 2차 61만 개(16.7%), 3차 287만 개 (78.7%)

- 상표 등록 신청 : 229만 건, 상표 등록 누계 1,003만 건

- 지식재산권 침범 : 4.6만 건, 전년대비 30% 감소

- 상품관련 소비자 고발 : 71만건

〔2015년 상반기 기업 현황[165]〕

- 2015년 6월말 등록업체 누계 : 7,420만 개
- 2015년 상반기 신규 등록업체 : 685만 개
  - 기업 200만 개, 자영업자 473만 개, 농민전업 합작사 12만 개
  - 산업별 : 1차 8만 개(4.1%), 2차 31만 개(15.7%), 3차 161만 개 (80.3%)

❖ 중국의 공무원 체계

중국의 정부기관과 협의 또는 회의를 하는 경우 참석하는 상대방의 직급을 파악하여, 상대방이 방문자를 우대를 하는지 또는 홀대를 하는 지를 파악하여

---

165) 국가공상행정관리총국, 2015.7.15

응대하고, 상호간에 격에 맞는 당사자가 회의 등에 참가할 필요가 있다. 또한, 중국에서는 직급을 높여 부르는 관행이 있다. 부성장을 성장으로, 부청장을 청장으로, 부시장을 시장으로 호칭하기도 한다.

- 총리 – 부총리 – 부장(部長), 성장(省長) – 부부장, 부성장 – 사장(司長), 청장(廳長), 순시원 – 부사장, 부청장, 조리순시원 – 처장(處長), 현장(縣長) – 부처장, 부현장 – 과장(科長), 향장(乡長) – 부과장, 부향장 – 과원(科員)의 순임

- 국가공상행정관리총국 등 '총국'명칭이 있는 기관은 장관급 기관이며, 국가통계국 등 '총국'의 명칭이 없는 국은 차관급 기관

- 성장(省長)은 장관급, 부성장(副省長)은 차관급

- 공산당 성(省)위원회(약칭 '성위') 서기[166], 인민대표대회 상무위원회 주임, 성(省) 정치협상회의(약칭 '정협') 주석은 성장급

- 직할시(북경, 상해, 천진, 중경) 시장은 장관·성장급

- 차관·부성장급 시장 : 하얼빈(哈尔滨), 장춘(长春), 심양(沈阳), 제남(济南), 남경(南京), 항주(杭州), 광주(广州), 무한(武汉), 성도(成都), 서안

---

166) 일반적으로 성장 보다는 서열이 높은 것으로 인정된다.

(西安), 대련(大连), 청도(青岛), 영파(宁波), 하문(厦门), 심천(深圳)

- 청장(厅長)급 시장 : 부성장급 도시가 아닌 보통 省의 성도(省都), 하남성 남양시, 절강성 태주시, 광동성 중산시

- 처장(處長)급 시장 : 현(縣)급시 시장

- 지방조직과 공무원
  - 성(省)에는 성장과 7~8명의 부성장이 있으며, 정무활동을 보좌하는 비서장(성장 대응)과 7명의 부비서장(부성장 대응)이 있으며, 행정요원은 4천 6백여명으로 구성되어 있다.
  - 전국적으로는 333개 지급시(地級市)와 2,862개의 현(縣)이 있다.
  - 공무원은 7백만명, 사업단위 편제인원을 포함하면 5천만명 수준.

❖ 중국인과 협상시 발생할 수 있는 상황

중국에서는 신뢰할 수 있는 거래 상대방을 찾는 것이 중요하다. 일부의 경우 아래와 같은 사례가 발생할 수 있다.

- 시간 약속을 잘 지키지 않으며, 약속한 일정을 일방적으로 변경하기도 한다. 계약 협의사항에 대해 쌍방이 서명을 하더라도 불리하면 없었던 일로 파기한다. 계약서 작성까지 주의할 필요가 있다.

- 처음에는 아무런 문제가 없다(沒問題, 메이윈티) 또는 무상으로 제공하겠다고 하면서 상대방의 제안 사항을 모두 파악한 이후에, 일이 진행되어 되돌릴 수 없는 상황에서 이런저런 문제점을 제기하여 협상을 유리하게 이끌어간다.

- 입찰계약과 프로젝트 제안, 디자인 제안의 경우에 제안서에 디자인, 도면 등 핵심적인 내용이 포함되지 않도록 유의할 필요가 있다. 수차례에 걸친 가격협상 및 협의 과정을 통해서 더 많은 정보를 획득한 이후에 결국은 자료를 중국 업체에 제공하여 저렴한 비용으로 계약한 사례도 있다.

- 협의당사자가 시간에 쫓기고 있다는 것을 상대방이 파악하는 순간부터 터무니없는 조건을 제기할 수 있다. 일부러 시간을 끌면서 초조하게 만들어 제시하는 조건을 무조건 받아들일 수밖에 없도록 만든다. 시간에 쫓기는 내용이나 모습을 상대방에 나타내 보이는 만큼 협상은 불리해진다.

- 자신은 대리인의 입장이라고 설명하면서 까다로운 조건은 위탁자를 내세워 책임을 돌리는 전략이다. 자신의 입장은 철저하게 상대방에게 요구하지만, 상대방의 요구나 제안에 대해서는 자신이 대리인이기 때문에 받아들일 수 없다며 뒤로 빠지는 전략이다.

- 외국인, 정부기관, 주재원 등은 부동산 임대시 불리하게 작용 한다

- 중국어 표현에 '화비삼가(貨比三家)'라는 표현으로 물품 가격을 세 곳을 비교한다는 뜻이다. 일방 당사자와만 협의를 하지 말고 다양한 당사자와 협의를 해야만 유리한 위치를 차지할 수 있다.

❖ 중국의 임금 수준

〔주요 도시 최저임금〕

- 북경 1,720위안, 상해 2,020위안, 청도 1,600위안, 서안 1,280위안

- 최저임금은 지역별로 다르며, 같은 도시 내에서도 지역에 따라 기준금액이 다르게 적용된다. 또한 사회보험료로 임금의 30% 정도를 추가로 부담하여야 한다.

〔사무직 근로자 평균월급[167]〕

인력자원 인터넷 사이트에서 발표한 '2015년 하계 중국 고용주 수요 및 사무직 근로자 공급 보고'에 따르면, 2015년 2분기 전국 32개 도시 사무직 근로자 평균 월급은 6,320위안으로, 북경 7,873위안, 상해 7,546위안, 심천 6,935위안, 서안은 5,301위안 이라고 보도했다.

〔2014년 근로자 연평균 임금[168]〕

국가통계국이 발표한 2014년 근로자 평균임금에 따르면, 전국 도시 비민영

---

167) 화상보, 2015.7.10
168) 상보(華商報), 2015. 5.28

부문에 취업한 근로자의 연평균 임금은 56,339위안으로 전년 대비 9.4% 증가했으며, 민영부문에 취업한 근로자의 연평균 임금은 36,390위안으로 전년 대비 11.3% 증가했다고 발표했다. 2014년 비민영부문의 고임금 직종으로는 금융업 10,8273위안, 정보전송업 10,0797위안, 과학연구업 82,220위안, 민영부문 고임금 직종으로는 정보전송업 51,044위안, 과학연구업 47,462위안, 금융업 41,553위안이다.

〔2014년 주류(酒類)기업 임원 연봉[169]〕

• 국유기업인 귀주 마오타이(貴州 茅台)의 경우 회장(董事長) 연봉이 226만 위안(한화 4억원 상당), 사장(總經理)은 224만 위안, 부사장(副總經理) 11명의 평균 연봉이 144만 위안(한화 2억 6천만원 상당)이다.

• 우량액(五粮液) 부사장(副總經理) 6명의 평균 연봉은 114만 위안으로 미처 예상하지 못했던 고액 연봉이다.

❖ 2015년 외상투자산업 지도목록[170]

외상투자기업 지도목록은 외국기업의 투자가능 여부를 안내하는 가이드라인으로 중국 정부는 통상 3년마다 개정하고 있다. 2015년은 제6차 개정으로 장려, 제한, 금지의 3개 부분 423개 항목으로 분류되며, 제한항목은 79개에서 38개로 감소하고 금지항목과 장려항목에서는 큰 변동은 없다. 중국 진출을 고

---

169) 화상보(華商報), 2015. 7.21
170) 한국무역협회 북경지부, 2015.3.24

려할 경우 사전에 확인이 필요한 사항이다.

　외상투자 금지업종으로는 채광업, 의약제조업, 중국 법률사무 자문 등이며, 제한업종으로는 의료기관(합자 또는 합작), 방송 프로그램 및 영화제작 업무 (합작하는 경우로 제한) 등이며, 장려업종으로는 영아, 노년식품 및 보건식품 개발·생산 등이다.

　❖ 화장품 위생허가
　중국에 최초로 수입되는 화장품은 '위생안전성'검사를 받은 후 '수입 화장품 위생허가증'을 발급 받아야 통관 및 중국내 판매가 가능하다.

　위생안전성 검사기간은 일반화장품 약 2개월, 특수화장품 약 3~6개월이 소요되고, 위생허가증 발급에 약 4개월 정도의 시간이 소요된다. 위생허가증 발급과정에서 과다한 서류와 정보 제출, 중국내 책임회사의 보증 등을 요구한다. 금년부터 한국화학융합연구원 상해지사에서 보증업무를 수행하고 있다.

　❖ 중국의 세법 체계
　• 중국의 세법은 『ㅇㅇㅇ법』 또는 『ㅇㅇㅇ잠행조례』로 이원화 되어 있다. 명칭은 다르지만 모두 법률과 동등한 효력이 있다. 전인대 상무위를 거쳐 제정된 세법을 『ㅇㅇㅇ법』이라고 하고, 국무원이 수권을 받아 제정한 것은 『ㅇㅇㅇ잠행조례』라고 한다.

- 중앙정부가 '국가세무총국'과 '해관총서'를 설립하고, 성 및 성급이하 세무기관으로 국가세무국(국가세무총국 직속)과 지방세무국을 설치한다. 외상투자기업의 기업소득세는 국가세무국 계통에서 징수, 관리한다. 증치세(한국의 부가가치세), 소비세(한국의 개별소비세), 관세, 기업소득세, 개인소득세, 방산세(건물분 재산세) 등이 있다.

❖ 외상(外商) 투자기업 설립 및 해산관련 법률 규정

외상 투자기업은 외자기업, 합자기업, 합작기업으로 분류할 수 있다.
외자기업은 외국인 투자자가 100% 투자하여 중국내에 기업을 설립하여 경영하는 것을 의미한다.(외자기업법 제2조). 합자기업은 외국과 중국의 투자자가 현금, 현물, 지식재산권, 기술, 토지 사용권 등을 각각 출자하여 그 출자액에 따라 지분을 배분하고 공동으로 경영하며 손익부담과 유한책임을 지는 형태의 기업이다. 합작기업은 합작파트너의 권리와 책임의 범위가 출자비율이 아닌 투자자들 간의 계약에 의해 결정되며 투자자의 권리와 의무를 융통성 있게 조정할 수 있다는 장점이 있으나, 계약내용의 정형성이 부족하여 불리한 투자계약을 체결할 가능성이 있다.

중국의 외자기업에 관한 법규로는 중화인민공화국 외자기업법(2000년 수정, 24개 조항)과 실시세칙(2001년 수정)이 있으며, 합자기업에 관한 법규로는 중화인민공화국 중외합자경영기업법(2001년 제2차 수정, 16개 조항) 및 실시조례(2011년 4차 수정), 합작기업에 관한 법규로는 중화인민공화국 중외합작경영기업법(2000년, 27개 조항) 및 실시세칙(1995년)이 있다.

외자기업법 실시세칙에 따르면 외자기업의 설립은 지방정부(상무부서)에 심사비준을 신청하면 지방정부에서 90일 이내에 비준여부를 결정한다. 비준증서를 받을 날로부터 30일 이내에 공상행정관리기관에 등기신청을 하고 영업집조를 수령하면 외자기업으로 성립된다. 비준증서를 받은 날로부터 30일 이내에 공상행정관리기관에 등기신청을 하지 않으면 비준증서는 자동으로 실효된다. 또한 외자기업은 성립일로부터 30일 이내에 세무기관에 세무등기를 하여야 한다. (실시세칙 제10조 내지 제12조). 해산 및 청산관련 규정은 실시세칙 제72조 내지 제76조에 규정되어 있다. 사업중지의 사유로는 ①경영기한의 만료, ②경영악화, 심각한 손해, 외국투자자의 해산결정, ③자연재해, 전쟁 등 불가항력으로 인한 심각한 손실로 경영을 계속하기 어려운 경우, ④파산, ⑤중국의 법률, 법규 위반으로 사회공공이익을 위해하여 법률에 의거 취소된 경우, ⑥외자기업 정관규정에서 정한 기타 해산사유가 발생한 경우 이다. ②,③,④항의 경우에는 심사비준기관에 신청하여 비준을 받아야 한다. ①,②,③,⑥항에 의한 사업 중지는 15일 내에 대외에 공고하고 채권자에게 통지하여야 한다. 공고일로부터 15일내에 청산절차, 원칙, 청산위원회 인선을 심사비준기관에 신청하여 비준이후 청산을 진행한다. 청산위원회는 외자기업 법정대표자, 채권자대표 및 관련되는 주관기관 대표로 구성되며 중국 회계사, 변호사가 참가할 수 있다(세칙 제74조). 외자기업의 청산재산 처리시에는 동등한 조건아래서 중국의 기업 또는 기타 경제조직이 우선구매권을 가진다(세칙 제78조). 개인적인 견해로는 세칙 제74조와 제78조가 외자기업에 대해 지나치게 권리를 제한하고 있다고 생각한다. 중국의 회사법인 중화인민공화국 회사법(公司法) 제184조에서는 중국기업이 해산할 경우 청산조에는 주주, 동사(이사) 또는 주주총회에서 확정한 인원으로 구성하기 때문이다.

합자기업은 중화인민공화국 중외합자경영기업법과 실시조례의 규정을 적용
받는다. 중외합자경영기업법에서는 외국합자경영자의 투자비율의 최저한도를
25% 이상으로 정하고 있고(법 제4조), 당사자의 일방이 동사장을 맡으면, 상
대방이 부(副)동사장을 맡도록 규정하고 있다.(법 제6조). 실시조례에 따라 심
사비준기관에 설립신청을 하면 3개월 이내에 비준여부를 결정하고, 비준증서
를 받은 날로부터 1개월 이내에 공상행정관리기관에 등기절차를 취해야 한다.
해산사유로는 ①기한만료, ②심각한 손해발생으로 기업경영을 계속할 수 없
는 경우, ③일방이 협의, 계약, 정관에 규정한 의무를 이행하지 않아 기업경영
을 계속할 수 없는 경우, ④자연재해, 전쟁 등 불가항력으로 인한 심각한 손실
로 경영을 계속하기 어려운 경우, ⑤경영목적을 달성하기 어려우며 동시에 발
전 전망이 없을 경우, ⑥계약, 정관 규정에 의한 기타 해산사유가 발생한 경우
이다. ②,④,⑤,⑥항의 경우 동사회(이사회)가 신청하여 심사비준기관의 비준
을 받아야 한다. ③항의 경우에는 이행을 한 일방이 심사비준기관에 신청하여
비준을 받아야 한다. 청산위원회의 성원은 동사(이사) 중에 선임하며, 동사(이
사)가 임무를 수행할 수 없거나 부적당할 경우에는 중국의 회계사 또는 변호사
가 임무를 수행할 수 있으며, 심사비준기관은 필요시 인원을 파견하여 감독할
수 있다(조례 제90조 내지 제96조).

합작기업은 중화인민공화국 중외합작경영기업법과 실시세칙의 적용을 받는
다. 합작기업은 동사회(이사회) 또는 연합관리기구를 설치하도록 하고 있으며,

합작당사자 일방이 동사장 또는 연합관리기구의 주임을 맡을 경우, 상대방이 부동사장 또는 부주임을 맡도록 규정하고 있다(법 제12조). 실시세칙에 따라 심사비준기관에 설립 신청을 하여야 하며, 심사비준기관은 45일 이내에 비준 여부를 결정하고, 비준증서를 받은 경우에는 공상행정관리기관에 등기 신청을 하여야 한다. 해산사유로는 ①기한만료, ②심각한 손해 또는 불가항력으로 인한 심각한 손실로 경영을 계속할 수 없는 경우, ③합작자 일방 또는 다수가 계약 또는 정관 규정의 의무를 이행하지 않아 경영을 지속할 수 없는 경우, ④계약, 정관 규정의 기타 해산사유 가 발생한 경우, ⑤법률, 행정법규 위반으로 법률에 의거하여 폐쇄된 경우에 해산할 수 있다. ②,④항의 경우 이사회 또는 연합관리위원회가 해산 결정을 하고 심사비준기관에 신청하여 비준을 받아야 한다. ③항의 경우에는 이행을 한 당사자 또는 다수 당사자가 심사비준기관에 신청하여 비준을 받아야 한다(세칙 제48조, 제49조).

중화인민공화국 공사법(회사법)에 따르면 외상투자 유한책임회사와 주식유한책임회사도 회사법을 적용하고, 외상투자 관련 법률에 별도의 규정이 있는 경우에는 그 규정을 따른다고 규정하고 있다(회사법 제218조). 따라서 외자기업법, 중외합자경영기업법, 중외합작경영기업법을 우선 적용하고, 관련 규정이 없는 경우에는 회사법을 적용하면 된다.

한편 중국 상무부에서는 '중화인민공화국 외국투자법(의견수렴안)'을 2015년 1월 19일 발표하였다. 일부에서는 '외자 3법'의 폐지 움직임이라고 보고 있으나 외국투자법은 제3장 '허가관리', 제4장 '국가안전심사', 제5장 '정보 보고'등이 주요내용으로 '외자 3법'과는 별개의 법률 제정을 추진중인 것으로 보여 진다.

　청산시점에서 자산이 채무를 상환하기에 부족한 경우에는 인민법원에 파산 청산 신청을 하여야 하며 중화인민공화국 기업파산법의 적용을 받는다. 실제 해산과 청산을 진행하기 위해서는 불합리한 규정뿐만 아니라 지방정부의 상무국, 외환국, 세무국 등 다양한 심의기관이 승인권한을 행사하고 있어 청산절차가 지연될 가능성이 높으며, 헐값으로 인수하려는 중국 현지기업인 등으로 인해 여러 가지 어려움을 겪고 있는 사례가 발생하고 있다. 따라서 진출할 경우에도 철저하게 준비를 해야 하지만 철수하는 경우에도 사전에 치밀하게 준비할 필요가 있으며 전문 컨설턴트의 도움을 받는 것이 필요하다고 생각한다.

❖ 2015년 중국 도시 종합경제경쟁력 순위

　중국사회과학원이 출간한 "2014년 도시경쟁력 청서"에서 294개 도시의 종합경제경쟁력 순위는 심천, 홍콩, 상해, 타이베이, 광주, 천진, 소주, 북경, 마카오, 무석, 불산, 무한, 남경, 동관, 성도, 청도, 하문, 대련, 정주 순이다. 기타 주요 도시로는 심양(23위), 중경(24위), 서안(33위)이다. 도시 종합경제경쟁력은 지식, 화해, 생태, 문화, IT등 6개 분야 지표로 평가한다.

　1인당 평균 예금 잔액 상위 도시로는 홍콩, 심천, 북경, 마카오, 상해, 동관, 광주, 주해, 항주 순이며, 홍콩은 연속해서 3년간 1위를 차지하고 있다. 성(省)별로는 상위 20대 성에는 ① 북경(11만 2천 위안), ② 상해 (8만 8천 위안), ③ 절강성(5만 3천 위안, 5,498만명), ④ 천진(5만 2천 위안), ⑤ 광동성(4만 8천 위안, 1억 644만명), ⑥ 요녕성(4만 5천 위안, 4,390만명), ⑦ 강소성(4만 3천 위안, 7,939만명), ⑧ 산서성(3만 7천 위안, 3,630만명), ⑨ 섬서성(3만 3천 위안, 3,763만명), 중경(3만 2천 위안) 하북성(3만 2천 위안, 7,332만명), 복건성(3만 2천 위안, 3,774만명), 산동성(3만 1천 위안, 9,733만명), 내몽고(3만 위안, 2,497만명), 영하자치구(2만 9천 위안, 654만명), 길림성(2만 8천 위안, 2,751만명), 사천성(2만 8천 위안, 8,107만명), 해남(2만 8천 위안, 895만명), 호북성(2만 7천 위안, 5,799만명), 흑룡강성(2만 6천 위안, 3,835만명)이다. 하위 5개 성으로는 ⑤ 안휘성(2만 1천 위안, 6,029만명), ④ 광서성(1만 9천 위안, 4,719만명), ③ 운남성(1만 9천 위안, 4,686만명), ② 귀주성(1만 7천 위안, 3,502만명), ①서장자치구(1만 6천 위안, 312만명)이다.

❖ 2014년 GDP기준 중국 100대 도시[171]

순번	성	도시	인구(만명)	순번	성	도시	인구(만명)
1	상해	상해 上海	2415	26	길림성	장춘 長春	768
2	북경	북경 北京	2152	27	하북성	석가장 石家庄	1276
3	광동성	광주 廣州	1293	28	산동성	제남 濟南	681
4	광동성	심천 深川	1063	29	복건성	천주 泉州	813
5	천진	천진 天津	1517	30	복건성	복주 福州	711
6	중경	중경 重慶	2970	31	안휘성	합비 合肥	708
7	강소성	소주 蘇州	1047	32	강소성	서주 徐州	858
8	호북성	무한 武漢	1022	33	강소성	상주 常州	459
9	사천성	성도 成都	1418	34	호남성	상방 湘坊	909
10	절강성	항주 杭州	884	35	절강성	온주 溫州	912
11	강소성	남경 南京	819	36	절강성	소흥 紹興	491
12	산동성	청도 靑島	896	37	내몽고	어얼둬스	194
13	강소성	무석 無錫	646	38	흑룡강성	대경 大慶	290
14	요녕성	대련 大連	688	39	강소성	염성 鹽城	726
15	호남성	장사 長沙	722	40	산동성	제영 濟寧	808
16	광동성	불산 佛山	719	41	산동성	치박 淄博	453
17	절강성	영파 寧波	764	42	강소성	양주 揚州	446
18	요녕성	심양 沈陽	826	43	내몽고	포두 包頭	265
19	하남성	정주 鄭州	863	44	운남성	곤명 昆明	643
20	하북성	당산 唐山	758	45	절강성	태주 台州	597
21	산동성	연태 煙台	697	46	강소성	태주 泰州	505
22	광동성	동관 東筦	822	47	절강성	가흥 嘉興	450
23	강소성	남통 南通	728	48	산동성	임기 臨沂	1004
24	섬서성	서안 西安	855	49	강서성	남창 南昌	504
25	흑룡강성	하얼빈 哈爾濱	1064	50	허남성	낙양 洛陽	662

171) 중국인재망(中國人才網),www.cnrencai.com

순번	성	도시	인구(만명)	순번	성	도시	인구(만명)
51	강소성	진강 鎭江	311	76	신장위구르	우루무치	330
52	산동성	동영 東營	200	77	광동성	무명 茂名	747
53	절강성	금화 金華	536	78	안휘성	무호 蕪湖	384
54	하북성	한단 邯鄲	917	79	호남성	상덕 常德	622
55	하북성	창주 滄州	680	80	광동성	잠강	778
56	복건성	하문 廈門	367	81	복건성	장주 漳州	480
57	섬서성	유림 榆林	335	82	호남성	형양 衡陽	715
58	광동성	혜주 惠州	387	83	산동성	빈주 濱州	379
59	광동성	중산 中山	314	84	광동성	강문 江門	414
60	호북성	의창 宜昌	406	85	산동성	하택 ㅁ澤	829
61	호북성	양양 襄陽	550	86	하남성	허창 許昌	431
62	광서장족	남영 南寧	666	87	광서성	류주 柳州	372
63	산동성	태안 泰安	556	88	강소성	연운항 連云港	439
64	내몽고	후허호트	291	89	절강성	호주 湖州	289
65	하북성	보정 保定	1119	90	호남성	주주 株州	391
66	요녕성	안산 鞍山	361	91	하북성	랑방 廊坊	420
67	길림성	길림 吉林	450	92	강소성	숙천 宿遷	555
68	산동성	위해 威海	280	93	섬서성	함양 咸陽	535
69	하남성	남양 南陽	1026	94	광동성	주해 珠海	156
70	귀주성	귀양 貴陽	432	95	산동성	조장 棗庄	373
71	산동성	덕주 德州	586	96	하남성	주구 周口	895
72	강소성	준안 准安	480	97	감숙성	란주 蘭州	362
73	호남성	악양 岳陽	550	98	하남성	신향 新鄕	591
74	산서성	태원 太原	420	99	하남성	초작 焦作	353
75	산동성	연성 聯城	635	100	하남성	신양 信陽	610

후기

  중국에 중소기업 협력관으로 부임한지 일 년 반이 지나가고 있다. 중국어를 전공한 것도 아니고, 중국에서 오랜 기간 근무한 것도 아니다. 그러나 지나간 기간은 중국에 대해 스스로 가지고 있던 궁금증을 해소하고 중국을 이해하기 위해 몸부림친 과정이었다. 국내에서 최근 몇 년간 출간된 중국 관련 서적은 김명호 교수님이 저술하신 '중국인 이야기'를 비롯해 거의 대부분을 읽어 보았고, 중국인의 의식과 문화를 이해하기 위해 유명하다는 중국 작가의 작품 또한 틈나는 대로 읽어 보았다. 여성작가인 산마오(三毛)의 작품을 비롯하여 한국에도 잘 알려진 위화(餘華)의 소설, 루야오(路遙)의 '평범한 세상(平凡的 世界)', '인생(人生)'등등. 문화대혁명 시기의 참담한 현실을 표현한 소설로 국내에서 번역 출간된 션판(沈凡)의 '홍위병', 옌롄커(閻連科)의 '사서(四書)'와 중국인들의 의식을 비판한 량샤오성(梁曉聲) 교수의 '우울한 중국인'등은 시대별로 중국인이 처한 상황과 의식을 이해하는데 많은 도움이 되었다. 량샤오성(梁曉聲)교수는 '우울한 중국인'에서 중국의 경제 불평등 상황에 대해 '유럽에 아프리카를 더하면 중국이 된다' 라는 말이 다소 과장되기는 하지만 어느 정도 중국 국민들이 현실의 삶에서 겪는 엄청난 격차를 여실히 드러내고 있는 것도 사실이라고 밝히고 있다[172]. 또한 그는 한·중·일 국민의 경쟁의식과 관련하여 한국인, 일본인, 중국 본토 사람, 타이완 사람, 홍콩 사람 간에 경쟁을 붙인다면 한국인이 가장 용납할 수 없는 것은 일본인에게 뒤지는 일이다. 반면 일본인은 이렇게 생각할 것이다. '같은 일본인보다 못한 것은 그리 부끄러운 일이 아니다. 하

---

172) 도서출판 가치창조, 2012.12, p307

지만 중국인 보다 못한 것은 있을 수 없다!', 반면 중국 본토 사람은 이렇게 결심한다. '누구한테 져도 상관 없으니 같은 중국인한테만 지지 않으면 돼! 내가 다른 중국인보다 강하다는 것을 다른 나라 사람들에게 보여주고 말테다!'. 타이완 사람은 홍콩 사람보다 뒤지는 것을 싫어하고, 홍콩 사람은 적어도 본토 중국인 보다 낫다는 것을 보여줘야 한다고 생각한다. 중국인은 독립적인 성향이 강하다. 같은 중국인이 좋은 기회를 자기보다 먼저 차지하거나 혹은 걸림돌이 되지 않을까 걱정하기 때문이라고 한다[173]. 중국내 공공장소에서도 흔히 볼 수 있는 광경인 줄서기를 안하고 거리낌 없이 '새치기'를 하는 것을 보면 이러한 의식을 이해할 수 있다. 비즈니스 협상에도 이러한 경쟁의식을 활용하기를 기대하면서 내용을 소개한다.

스스로 느끼기에도 부족한 부분이 많고, 중국 전문가도 아니지만 중국 관련 자료를 책자로 발간하게 된 결정적인 계기는 지난 6월에 부산의 중소기업인 20여명이 서안 중소기업지원센터를 방문했을 때 중국의 발전상에 관해 30분 정도 소개를 한 적이 있다. 발표를 들은 중소기업인 모두가 한숨과 탄식을 하면서 앞으로 중소기업은 어떻게 해야 하느냐? 이러한 질문을 하였다. 또한 일부 기업인은 관련 자료를 모아서 책자로 발간해 줄 것을 요청하였다. 그 당시에는 자신이 없어서 대충 얼버무리고 말았지만, 중국에 있는 동안 중소기업에 필요한 자료들을 모아서 조금이라도 도움이 되도록 해야겠다는 마음을 먹었다.

중국에서 근무한 일년 반 기간 동안 100대 도시 중에서 20여개 도시를 장님

---

173) 도서출판 가치창조, 2012.12, p221-222

이 코끼리를 만지듯이 많이 둘러보았다. 현지에 진출한 중소기업인들을 만나 애로사항을 청취하였으며, 지방정부의 공무원 분들을 만나 보았다. 그러나 중국의 산업에 대해 중국의 전문가와 공무원만큼은 알 수가 없었다. 다행히도 중국 정부에서 '중국 제조 2025전략'을 발표하였고, '제조 강국 전략연구'책자가 발간되었다. '중국 제조 2025 전략'과 관련 자료 중에서 중소기업에 도움이 될 만한 내용을 번역했다. 혹시 번역에 일부 오류가 있더라도 독자들의 양해를 구한다. 부족한 내용이지만 중소기업에 조금이라도 희망을 드리고, 경쟁력 향상과 틈새시장 개척에 도움이 되기를 기대한다. 안타깝게 생각하는 것은 중국에서 오랜 기간 근무한 정부기관 및 관련기관 관계자들이 각자가 알고 있는 소중한 정보와 경험을 책자로 더 많이 발간한다면 정보에 목마른 중소기업인 뿐만 아니라 국가발전에도 많은 도움이 될 텐데 하는 아쉬움이다. 많은 분들이 동참하기를 기대한다.

개인적으로는 앞으로 3~5년이 우리나라뿐만 아니라 중소기업들에게도 중요한 시기라고 생각한다. 중국에 대해서 알고 있는 만큼 우리 기업에게도 힘이 된다고 믿는다. 중소기업은 끊임없는 기술혁신을 통해 경쟁력을 갖추고 해외시장 개척을 통해 국가 발전에 기여하고 미래 세대에게 취업의 희망을 줄 수 있기를 소망한다.

참고문헌

둥하, 2013, 차이나 머천트, 한스미디어

김상훈 · 비즈트렌드연구회, 2014, 앞으로 3년 세계 트렌드, 한스미디어

김상철, 2015, 앞으로 10년 한국 없는 중국은 있어도, 중국 없는 한국은 없다,
　　　한스미디어

랑센핑(郎咸平), 2012, 벼랑 끝에선 중국경제, 책이있는풍경

랑센핑(郎咸平), 2015, 중국경제의 구제도와 신상태(中國經濟的舊制度與新
　　　常態), 동방출판사

랑센핑(郎咸平), 2014, 불경기하의 희망(蕭條下的希望), 동방출판사

량샤오성(梁曉聲), 2012, 우울한 중국인, 도서출판 가치창조

옌쉐퉁(閻學通), 2014, 2023년 세계사 불변의 법칙, 글항아리

우징롄(吳敬璉) 등 공저, 2013, 중국미래 30년, 중앙번역출판사

이에추화(葉楚華), 2011, 중국은 미국을 어떻게 이기는가, 밸류앤미디어

임형록, 2013, 글로벌 경제매트릭스 중국편, 도서출판 새빛

임호열, 2013, 중국몽, 나남

제조강국전략연구프로젝트조(製造强國戰略硏究項目組), 2015,
제조강국 전략연구, 중국공신출판집단, 전자공업출판사

조지프 S. 나이(Joseph S. Nye Jr), 2015, 미국의 세기는 끝났는가, 프리뷰

조충제 · 송영철, 2015, 인도의 중소기업 육성정책과 한 · 인도 협력확대방안,
　　　대외경제정책연구원

짐 로저스(Jim Rogers), 2014, 세계경제의 메가트렌드에 주목하라, 이레미디어

트렌즈지 특별취재팀, 2014, 10년후 시장의 미래, 일상이상

최윤식, 2014, 2030 대담한 미래2, 지식노마드

KBS슈퍼차이나 취재팀, 2015, 슈퍼차이나, 가나출판사

'MADE IN CHINA 2025 STRATEGY'
Korea Small Businesses Crisis and Challenge

초판 1쇄 인쇄 2015년 11월 30일

지은이 권대수   **발행인** 박은경

편집인 박은경

책임편집 선 영

본문디자인 김민지, 박유진   **표지디자인** 임희은

교열 김세아

발행처 한국애드   **출판신고** 2011년 10월 28일 제 2011-18호

주소 대구광역시 남구 이천로 142(408-1번지) (1,2층)

전화 053-765-1770   **팩스** 053-289-0068

© 2015 권대수 ISBN 979-11-86181-04-1(13320)